한번만 읽어도 이해되는 왕초보 성경읽기

김환 지음

* 한번만 읽어도 이해되는 왕초보 성경읽기

지은이 김환

펴낸 곳 크리스찬북뉴스

초판발행 2020년 6월 15일

등록번호 제2018-000039호

등록된 곳 서울특별시 영등포구 영등포동7가 94-50

연락처 070-7136-6904

이메일 cbooknews@naver.com

홈페이지 www.cbooknews.com

총판 기독교출판유통 031-906-9191 Fax: 0505-365-9191

한번만 읽어도 이해되는 왕초보 성경읽기

김환 지음

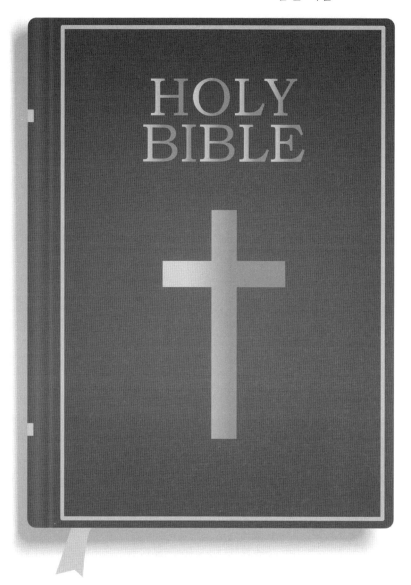

목차

추천사 1   11

추천사 2   13

저자 서문   15

책을 쓰게 된 계기   15

책의 특징   16

책의 목적   18

1부   영적 싸움의 세계

사탄의 속삭임   22

한국교회 성경읽기의 현실을 직시하라   28

신앙생활에서 사탄의 계략들을 파헤쳐라   34

   찬양   37

   기도   40

   성경   43

   설교   47

   성경모임   48

   전도   50

말씀의 유일한 가치   54

   분별력이 필요하다   54

   말씀대로 산다?   55

   오직 성경   59

영적쾌락주의를 조심하라   62

2부   성경읽기의 디딤돌 놓기

왜 성경을 읽어야 하는가?   70

   말씀만이 세상을 변화시킨다   71

   말씀이 영적 승리를 부른다   79

   말씀으로 우리의 삶을 뒤덮으라   85

자신의 성경읽기 수준을 알라   92

우리나라 성경의 역사   96

   성경의 전래   96

   성경의 번역   98

3부   올바른 성경읽기의 핵심 요소들

성령의 조명을 받으라   104

이성을 사용하여 읽으라   108

성경은 차례대로 읽어야하는가?   114

　성경의 시대를 알아야 한다   117

성경의 장과 절을 제거하라   122

　장과 절은 원래 존재하지 않았다   122

　사건별로 읽자   124

성경의 해설과 말, 문단, 문장부호를 구분하라　128

성경에는 해설과 말의 구분이 없다　128

문단이 나뉘어 있지 않다　130

문장부호의 능력을 경험하라　131

컴퓨터를 이용하면 쉽다　132

실전은 쉽지 않을 수 있다　135

성경의 배경지식을 알라　138

낯선 지리　139

낯선 문화　140

번역본　143

완벽한 해결책　148

4부　　　　　성경을 더 잘 이해하는 방법

나의 경험　152

성경 탐구자가 되라　158

　목적의 변화　　　159

　수색의 변화　　　159

　노트의 변화　　　160

　행동의 변화　　　161

　의식의 변화　　　162

성경읽기 코칭을 받으라　　　164

5부   성경 이해자로 살아가라

사명찾기   170

행동으로 보여주라   176

인생의 문제들의 해답을 찾으라   178

   죽음   178
   부 185
   건강   187
   장수   187

맺음말   191

추천사 1

사막을 여행하는 사람에게 오아시스는 생명샘이다. 오 아시스는 앞서간 누군가의 희생과 수고로 발견되고 만들 어진다. 그로 인해 뒤에 여행하는 사람은 여유롭게 여행할 수 있다. 세상은 사막과 같아서 인생은 여행하는 나그네이 다. 삶의 오아시스가 반드시 필요하다.

하나님의 말씀은 고단한 인생에게 쉼을 주는 생명의 오 아시스이다. 그러나 하나님의 말씀은 쉽게 깨닫게 되거나 이해되는 것은 아니다.

김환 목사님은 성경말씀을 한번에 깨닫고 생명길을 찾 아가는 여행에 필요한 방법을 연구하느라 오랫동안 기도 하며 수고하시었다. 이번에 『한번만 읽어도 이해되는 왕 초보 성경읽기』를 출간하는데 남다른 수고와 애씀이 있 었다.

김환 목사님은 효자이시다. 모두 감리교 목사님들이 된 삼형제 가운데 첫째로서 부모님을 모시고서 성경연구에

몰두하는 목회자이시다. 한국교회와 성도들을 위한 성경 말씀 연구의 파이오니아이시다.

『한번만 읽어도 이해되는 왕초보 성경읽기』는 사막과 같은 세상에서 천국으로 여행길을 찾는 성도들에게 좋은 안내서가 될 것으로 확신한다. 김환 목사님의 연구가 책으로 좀 더 일찍 나오지 못했던 것을 아쉬움으로 여기며 은퇴한 목사로서 본서를 한국교회와 성도들에게 기쁨으로 추천한다.

문막에서 이동수 원로목사(시인)

추천사 2

"우리는 종종 성경 읽을 시간이 없다고 말합니다. 이것은 정말 그리스도인에게 수치스러운 일이 아닐 수 없습니다. 사실 우리는 충분히 수고하여 성경을 읽지 않으며, 기독교 교리를 이해하려고 노력하지 않습니다. 그러나 우리가 정말 하나님을 경배하고 섬기기를 원한다면 시간을 들여 수고함으로 성경을 읽어야 합니다. 그것이 신자의 본분입니다." 마틴 로이드 존스의 말이다.

그리스도인은 성경이 예나 지금이나, 성경이 처음 쓰일 때나 교회사의 어느 시대 속에서나, 그리고 21세기의 복잡한 사회 현실 속에서도 여전히 동일한 권위를 가진 하나님의 말씀이라고 믿는다. 저자는 우리가 '한 책'의 사람이 되어야한다고 말한다. 존 웨슬리는 자기 자신을 가리켜 "한 책의 사람"(Homo unius libri)이라고 불렀다. 사실 웨슬리는 대단한 다독가였다. 다만 그 모든 독서의 중심에 성경을 두었다.

저자는 이 책에서 "말씀이 없으면 예배도 기도도 찬양도 힘을 잃는다. 변화의 능력을 나타낼 수 없다"라고 강조한다. 이 책은 우리를 '말씀이해자'가 되는 길로 안내한다. 성경 열독자가 되도록 동기부여를 할 뿐만 아니라 성경 읽기와 이해를 위한 구체적인 방법을 제시한다.

칼뱅은 "하나님께서 친히 우리에게 계시하시는 대로 그를 생각하며, 오직 그의 말씀만을 근거로 해서 그에 대하여 탐구하라"고 말했다. 저자는 말한다. "성경을 주문처럼 읽거나 외우지 말라. 이해하며 읽기를 통해 성경의 큰 틀 안에서 각 구절의 본뜻을 묵상하고 실천하라." 이 책은 바로 '말씀이해자'가 되고자 하는 이를 위한 지침서다.

저자는 이 책을 한국 성도들의 성경 열독률을 올리기 위해 썼다. 탈고를 수십 번 했다. 그의 값진 노력이 성경 사랑과 진리 실천의 열매로 나타나기를 기대한다. 이 책이 많은 독자의 사랑을 받게 되기를 바라며 강력 추천한다.

송광택 목사(한국교회독서문화연구회 대표)

저자 서문

책을 쓰게 된 계기

처음에는 『한번만 읽어도 이해되는 왕초보 성경읽기』를 책으로 낼 생각이 없었다. 글 쓰는 능력이 없고, 본서가 너무 쉬운 내용이며, 누구나 잘 아는 방법이기 때문에 책으로 낼만한 것이 못된다고 생각했다. 그러나 이 단순하고 쉬운, 그러니까 적용만 하면 성경읽기가 한결 수월해질 수 있는 것을 가르치는 곳도, 적용하는 성도들도 보지 못했다. 그래서 나라도 알려줘야겠다는 생각이 들었다.*

이 책의 내용에는 간단하지만 반드시 필요한 과정이 들어있다. 각각의 과정들을 그냥 건너뛰면 안 된다. 그렇게 하면 성경은 영영 읽기 어려운 책으로 남게 될 것이다.

『한번만 읽어도 이해되는 왕초보 성경읽기』는 성경이

---

* 이 책에서 성경과 말씀은 같은 의미로 사용되었다.

잘 이해되고 읽어지는 성도들에게는 필요가 없을 것이다. 그러나 많은 성도들이 너무나도 성경을 어렵게들 읽고 있다. 소설은 한 번만 읽어도 내용을 기억하지만 성경은 수십 번을 읽어도 줄거리를 알지 못한다. 단편적인 이야기들로만 남을 뿐이다. 몇 장을 읽었느냐 몇 번을 읽었느냐의 무거운 짐을 지고 가는 힘겨운 행군만이 계속된다. 그러나 이 책의 방법만 잘 적용해도 성경은 읽기가 쉬워진다.

성경읽기에 대한 입문서가 많지만 본서에 나오는 내용은 없다. 내가 생각하기에 너무 쉬워서 없는 것 같다. 그래서 이 책은 '성경읽기입문서'의 '입문서'라고도 할 수 있다. 그래서 쓰기 싫어도, 쓸 능력이 없어도 본서를 내게 되었다.

책의 특징

이 책은 성경읽기 과정 전체로 따지자면 초등학교 산수(수학)에 해당된다. 요새는 초등학교(내가 다닐 때는 국민학교라 칭했다―다닌 지가 30여 년 전이라서) 수학 수준이 어떤지 모르지만, 분명히 덧셈, 뺄셈, 곱셈, 나눗셈 등은 배울 것이다. 말하자면 내가 다룰 이야기는 성경읽기에 있어서 +, -, ×, ÷와 같다고 할 수 있다. 내가 도대체 이런 것까지 가르쳐야하나, 이런 내용이 책으로 나올 수 있을까 고민하기도 했지만, 지금 이런 생각을 아무도 갖고 있지 않고, 시도하고 있지 않으며, 가르쳐주고 있지 않다. (물론 어디선가 누군가는 시도하고 있을지 모르겠지만) 이런 현실은 개인의 책임이기도 하지만, 알려주지 않은 교회의 책임이 더 크다. 수학에서 더하기, 빼기를 모른 채 인수분해와 방정식, 미분, 적분으로 넘어가는 것이 말이 안 되는 것처럼 성경읽기에 있어서도 앞으로 제시할 성경읽기의 더하기, 빼기를 모른 채 성경을 읽고 이해하고 충만한 은혜를 받는다는 건 있을 수 없는 일이다.

더하기 빼기를 모른다면, 그 이상의 수학이 이해가 안 되는 것은 당연하다. 그래서 공부를 못하는 이유를 말할 때, 기초가 부족하다고 말한다. 성경읽기에 있어서도 기초가 있다. 그런데 많은 사람들이 성경읽기에서 그 기초를 간과하고 있다. 그래서 "이미 죽은 사람이 왜 또 살아서 나오는 거야?"라고 반문한다. 그들은 초등학교를 건너뛰어 중, 고, 대학교로 넘어간 사람들이다. 그러니 성경읽기가 당연히 어려울 수밖에 없다. 교회에 새신자 교육이라는 과정이 있지만 나는 성경읽기의 산수를 알려주는 것을 본 적이 없다. 목회를 하면서 가장 마음에 걸렸던 부분이다.

나는 이 책에서 성경읽기가 왜 어려웠는지를 알려주고, 그 어려움을 제거하는 방법을 가르쳐 줄 것이다. 그러나 교회에서 시도해 봤지만 가르쳐주려고 해도 배우려는 사람이 별로 없었다. 책의 뒤에서도 말씀드리겠지만 문제의식이 없는 것이다. 시골에 초등학교 교문을 활짝 열어놔도 몰려오는 어린이가 없는 것처럼, 내가 이 책을 내놔도 그것을 보려는 사람이 있을까 걱정이다.

이 책은 성경읽기의 '초등과정'인데, 우리는 이 점을 기억할 필요가 있다. 따라서 인용되는 모든 성경구절에 장절은 표기되지 않을 것이다. 그러나 기본적인 과정일지라도, 이 책의 방법을 잘 적용하면 성도들은 성경읽기의 방정식, 미적분의 세계로 넘어갈 수 있을 것이다. 어렵기만 했던 성경읽기가 엉켰던 실타래가 풀어지듯 시원하게 이해되는 것을 경험할 것이다.

책의 목적

성경은 양파 같아서 읽는 성도의 믿음에 따라 깨닫는 것이 다를 뿐 아니라, 보배와 같아서 한번 읽을 때와 두 번 읽을 때가 은혜가 다르며, 그 깊이를 짐작조차 할 수 없다. 그러나 우리는 성경을 크게 겉뜻(내용/줄거리)과 속뜻(은혜/레마)으로 나눌 수 있는데, 이 겉뜻을 모른 채 속뜻을 알려고 하는 것이 성경읽기의 어려움을 초래했다.

앞에서도 말했지만, 이 책은 성경읽기의 초등과정을 다루고 있으므로 먼저 겉뜻의 이해에 초점을 맞출 것이다. 그 점을 기억하고 이 책을 읽기 바란다. 우리의 목적은 성경을 여러 번 읽는 것이 아니라 한번만 읽어도 내용에 대한 이해가 가능하도록 하는 것이다. 성경읽기가 쉬워지고 머릿속에 성경의 틀(맥)이 잡혀지는 것이다. 그래서 다른 이들에게 구약과 신약 전체의 내용을 간단히 설명할 수 있는 능력을 갖추는 것이다. 독자들이여, 두려워말고 진군하라. 하나님께서 우리 편이시다!

제1부

영적 싸움의 세계

1장

사탄의 속삭임

아무도 없네. 들어오시게나. 그럼 시작할까? 아무도 없다니까. 난 그냥 옛 친구야. 잘 알잖아, 너희들도 항상 날 알고 있었지. 문 좀 닫아주게. 방해 받으면 안 되겠지?

성경은 중요하지 않아. 성경으로부터 눈을 딴 데로 돌리게. 대충 읽어. '최초의 살인자요, 거짓말의 아비.' 다들 나를 그렇게 부르지. 내가 성경을 읽지 말라고 하는 것이 아니야. 그래도 명색이 크리스천인데 성경을 읽기는 읽어야지. 근데 말이야. 성경은 성직자들이나 열심히 읽는 것이지, 평신도는 그저 몇 장 정도만 읽어도 돼. 읽기도 어렵잖아. 무슨 말인지도 모르겠고... 그래서 지루한 거야. 성경 읽을 시간에 다른 것을 하면 돼. 구제라든가, 찬양, 기도, 전도 뭐 그런 거 있잖아... 돈을 열심히 버는 것도 괜찮지. 기도할 때에 성경책은 딴 데 넣어둬. 설교를 자주 듣는데 뭘 또 읽나. 너는 세미나다 뭐다 여러 가지 성경 프로그램에도 참여하잖아. 그것도 다 성경을 읽는 것이나 마찬가지야.

와우! 하루에 성경 5장. 그것으로 충분해! 그걸 읽는데 30분이나 걸리잖아. 그럼 됐어. 더 읽는 건 무리야.

이런 얼치기! 너는 성경을 읽고 싶어 하지도 않잖아. 지식도 없고, 무슨 말인지도 모르지. 나는 말씀을 두려워하지 않아. 그것은 아무 소용이 없어. 넌 내꺼야. 내가 널 지옥으로 데려갈 거야.

참, 자네 조상들이 안부 전해달라는군. 네 조상들은 초라한 자리에서 죽어갔지. 의식이 있었던 마지막 순간은 당혹감과 공포로 가득했어. 때로는 손을 잡아주고 작별 인사를 해줄 가족도 없이 죽은 자들의 집에 혼자 있었지. 성경을 버렸으니까. 그래서 고통스러운 끝을 맞았지.

넌 날 아주 힘들게 했지. 이 게으르고 우유부단한 자식. 내가 널 겁낼 것 같아? 넌 나의 사소한 유혹에도 대적하지 못했어? '아버지, 아버지!'라고 외쳐봐야 넌 내게 명령 못해. 하나님의 명이라고? 아! 하나님이라고? 그래 와, 멋지다, 죽인다. 너와 네 진실 따위! 넌 보잘 것 없고 아무것도 몰라! 의심하는 자! 의심은 좋은 거야. 오, 난 널 절대 버리지 않아. 말씀 없는 자! 뭐 '날 위해 기도해줘요'라고? 넌 불쌍한 인간일 뿐이야. 말씀이 없으면 믿음도 없어. 의심만 들거야. 하나님은 여기 없어. 성경의 큰 흐름도 모르는 놈. 너 같은 놈은 두렵지 않아!

'왜 저를 고난에 버려두시나요? 왜 기도를 안 들어주시나요?'라고? 이 불신자야! 의심하는 자야! 성경 몇 구절 아는 것 가지고 날 물리칠 수 있을 것 같아? 지옥엔 자비가 없어! 넌 하나님의 종이 아냐. 희망은 죽었어! 하나님은 여기 없는데 어떻게 들어? 말씀이 없는 곳에 하나님은 죽었어! '주의 이름으로 기도하오니 이 마귀를 몰아내시고…' 어쩌고저쩌고. 아무리 그래봤자 나는 꿈쩍하지 않아. 너는 죄에서 창조됐지. 죄와 더러움의 형상대로.

말씀을 버린 자! 내 무릎에 앉으렴. 나의 사랑, 나의 꽃, 내 아름다운 애인. 여호와를 찬양하라! ㅋㅋ 다윗은 못 죽였지만 넌 죽일 수 있지. 이봐, 다들 지옥에서 너를 부르고 있어. 하나 물어볼까? 성경을 마지막으로 본 게 언제지? 더러운 포주. 그게 네가 한 짓이지. 성경 말씀을 안 들었지. 성경책은 집구석에 혼자 썩도록 남겨두고 등을 돌렸잖아. 영혼은 자기 비명 소리에 숨이 막히는데 말이지. 기억나? 기억나? 절대 못 잊겠지. 지금 너의 영혼이 어떤 줄 알아? 니 덕에 너는 불행의 땅에서 살고 있어. 저런, 왜 우니, 아가야? 하루 5장씩 성경을 읽었잖아. 진실을 알고 싶다며? 많은 얼치기들이 진실에 목숨 걸잖아. 안 그래? 내가 진실을 알려주지.

내가 네 죄를 모를 것 같아? 사소한 것도 다 알아. 넌 하나님 아버지가 창피했고, 하나님 아버진 네가 창피했어. 넌 성경을 싫어하고 성경은 널 싫어했지. 콩가루 인생이었어. 말씀 없는 기도, 말씀 없는 찬양, 말씀 없는 사랑, 넌 허울뿐이었어. 아버지가 널 사랑한다고? 넌 하나님의 말씀을 버렸어. 기도도 자기 자신을 위한 기도뿐이었어. 넌 신의 종이었던 적이 없어. 사명도 알지 못했어. 하루하루 살아가기도 힘들었으니까. 넌 항상 내 것이었어. 찬양도 스트레스를 풀기 위한 수단이었어. 이를 어쩌나. 아픈 데를 찔렀네.

네 영혼이 옛날에 본 건 천사가 아니었어. 그건 나였어. 넌 날 오래 전에 선택했어. 바지에 똥 싸던 꼬맹이였을 때부터. 너는 하나님의 말씀을 축소시켰어. 기억해? 네가 십자가 구부린 일? 기억할 거야. 기억하지? 오늘 읽어야할 의무의 5장이 끝나면 구세주가 고통 받던 그 시간에, 그가 다시 부활하던 그 새벽에, 너의 성경읽기는 매정하게 끝났지. 성령이 비춰지던 그 순간에도 성경읽기는 이어지지 않았어. 저런 가엾은 구세주가 외로이 십자가에 달렸군. 이제 알듯 말듯한 말씀은 버리고 나를 영접해. 넌 혼자야. 죽어가는 세상의 역겹고 더러운 진실을 네 입속에 쏟아줄까? 네가 말씀에서 뒤돌아서 갈 때, 니 영혼이 지르던 비명 소리 기억하나? 진실을 알고 싶댔지. 꼬마 아가씨, 하나님의 말씀이 인생의 목적이 아닌 교인 아저씨! 내가 진실이야. 넌 어때, 애송이? 내면을 후벼 파는 기분을 느끼나? 천국은 여기 없어. 다시 안 돌아올 거야. 하나님의 더러운 손톱이 내면을 후비는 걸 느끼나? 이제는 날 믿나? 이젠 날 믿어? 말씀을 이해하지 못하는 한 난 널 절대 안 떠나. 절대 안 떠난다고...(더 라이트: 악마는 있다 中 각색).

2장

한국교회 성경읽기의 현실을 직시하라

　나의 정신을 번쩍 들게 한 책이 있다. 바로 『한국 기독교 분석 리포트』라는 보고서다. 이 책이 나의 정신을 번쩍 들게 한 이유는 한국 성도들의 성경 열독률을 조사한 결과가 나와 있기 때문이다. 그동안 나는 한국 교회 성도들이 성경을 멀리한다는 것에 가슴 아파해 왔지만, 그것은 짐작일 뿐 객관적으로 증명할 방법이 없었다. 그러나 이 책을 발견함으로써 객관적 데이터를 확보하게 된 것이다. 이 책을

통해 우리는 한국교회 교인들이 성경을 읽지 않고 있다는 사실이 객관적으로 입증되었다.

이 통계를 보면 일주일동안 성경을 전혀 읽지 않는다는 기독교인의 답변이 무려 41.1%로 가장 높았고 1시간 이하로 읽는다는 답변은 35.1%, 2시간이상 4시간이하로 읽는다는 답변은 21.1%, 4시간이상 5시간이하는 1.6%, 6시간에서 10시간 사이는 1.1%였다.

나는 이 통계에서 "일주일에 1시간이하로 성경을 읽는다"는 교인들도 "읽지 않는다"는 부류에 포함하고 싶다. 그 이유는 1분이나 5분도 1시간이하이기 때문이다. 설령 일주일에 한 시간을 온전히 읽는다

8. 개인 신앙생활

1) 성경 열독 시간(1주일)

문-00께서는 지난 1주일 동안 성경을 몇 시간 정도 읽으셨습니까? 예배 시간에 읽은 것은 제외하고 말씀해주십시오.(%)

결과	%
1시간 이하	35.1
2–3시간	21.1
4–5시간	1.6
6–10시간	1.1
읽지 않았다	41.1
합계(N=1,000)	100
평균	48.3(분)

해도 7일로 나누면 하루에 8.6분을 읽는 것이기에 하루에 10분도 성경을 읽지 않는 게 된다. 따라서 "1시간 이하"와 "읽지 않는다"를 더하면 한국교회 성도의 76%가 성경을 거의 읽지 않는다는 결과가 나온다. 이런 사실에 대해 당신은 어떻게 생각하는가? 또한 당신은 어디에 포함되는가?

그렇다면 성경을 열심히 읽는 사람은 얼마나 되는가? 일주일에 2시간이상, 4시간이상, 6시간이상을 읽는 사람들을 모두 더하면 24%가 된다. 그렇다면 과연 이 수치에 만족할 수 있는가? 예를 들어, 의사들 중에 24%만이 의학서적을 본다면 어떤가? 나의 병을 치료하는 의사들 중 76%가 의학서적을 거의 보지 않은 채 의사가 됐다면, 그 의사에게 나의 치료를 맡길 수 있겠는가? 의사라는 직업 자체가 무거운 책임을 진 전문직이니까 비교에 무리가 있다고 보는가? 그렇다면 초등학생의 24%만이 교과서를 본다면 어떤가? 76%의 초등학생들이 교과서를 보지 않는다면 어떤가? 요즘같이 방과후에도 여러 학원을 다니는 현실에서 난리가 날 일이다. 어쩌면 교육부장관이 실직할 수도 있겠다. 이 사실을 어느 분야에 적용해도 마찬가지일 것이다.

그러나 기독교인이 성경을 읽지 않는 것은 다른 것들과 차이가 있다. 성경은 우리의 구원의 문제와 관련이 있기 때문이다. 의학 서적이나 초등학교 교과서는 구원과는 아무런 상관이 없다. 하지만 성경은 우리 영혼의 구원과 밀접한 관계가 있다. 예수님만 믿으면 되지 성경이 우리의 구원과 무슨 관계가 있느냐고 반문할지 모르나 그런 태도가 한국 교회에 심각한 문제를 불러일으켰다. 이 부분에 대해서는 뒤에서 따로 다루겠다. 아무튼 영혼구원이라는 아주 중요한 문제에 직면한 우리는 이 문제를 심각하게 다룰 필요가 있다.

그러면 24%의 열독자들은 많은 시간을 성경읽기에 할애하고 있으니 괜찮은 걸까(사실 성경을 일주일에 2시간씩 읽는다 해도 하루에 13분 정도를 읽는 꼴이 된다)? 그 중에는 성경 읽는 시간을 많이 할애해도 내용 이해를 하지 못한 채 읽는 성도들이 있을 것이다. 이해하지 못하고 읽는다면 아무리 오래 읽어도 물거품이 되고 말 것이다. 뜻을 이해하고 읽어야 성경을 제대로 읽은 것이지만 그래도 나는 24% 전체가 성경을 이해하며 읽고 있다고 믿고 싶다.

생각으로만 짐작했던 결과가 현실로, 그것도 통계로 적나라하게 드러났다. 그런데 왜 교회와 성도들은 이런 심각성에 대해 문제 제기를 하지 않을까? 왜 아무런 문제가 되지 않는 것처럼 살아갈까? 서글프다. 우리는 한국 교회의 성경읽기 현실을 직시해야 한다. 그저 지금처럼 좋은 게 좋다는 식으로 넘어가서는 안 된다. 성경은 우리를 창조하시고 구원하시는 하나님의 말씀이기 때문이다. 쉽게 생각하고 넘어갈 일이 아니다. 믿음으로 구원에 이르는 것이지만 그렇다고 기독교가 "싸구려 복음"은 아니다. "믿음은 들음에서 나며 들음은 그리스도의 말씀으로 말미암는 것"(로마서)이다. 독자는 이 문제의 심각성을 인식하고 이 책을 읽어 나가기를 바란다.

그런데 객관적인 데이터는 성경 열독자를 24%로 나타내고 있지만 현실의 성도들은 이상한 반응들을 나타낸다. 나는 만나는 사람마다 성경을 "열심히 이해하며" 읽어야 한다고 외치고 다니는데, 이걸 듣는 이들은 한결같이 자신들이 성경을 열심히 읽고 있다고 반응한다. 성경 열독자 24%가 내 주위에만 모여 있는 것일까! 통계로 나온 객관적인 데이터는 잘못되고 열독자가 99%인 것만 같았다.

> 내 주변 사람들은 모두 성경을 열심히 읽고 있어(왕년의 교사, 기도회 리더).
>
> 나는 꼬박꼬박 하루에 5장씩 읽고 있으니까 열독자야!(한권사).
>
> 내용은 잘 모르겠지만 그래도 여러 번 읽다보면 알게 되지 않겠어?(모태신앙자, 현재 80세).

왜 통계와 현실이 다른가? 기준을 스스로 낮게 잡고 있기 때문이다. 그 낮은 기준에 맞추다 보니 자연스럽게 자신이 열심히 성경을 읽고 있는 것으로 생각하는 것이다. 낮은 기준은 사탄의 주된 방법이다. 사탄의 속삭임이 귓전에 울려 퍼진다. 공공연한 비밀이 되어버린, 한국 교회가 성경을 읽지 않고 있다는 사실은 이제 수면 위로 떠올라 화두가 되어야 한다. 누가 뭐라고 변명을 하던, 착각을 하던, 우리는 성경을 열심히 읽고 있지 않다. 마치 공부 못하는 아이가 어쩌다 교과서 몇 페이지를 보면서 열심히 공부하고 있는 것으로 혼동하는 것처럼 우리는 성경읽기에 있어서 밑바닥을 맴돌고 있는데도 이 사실을 자각하지 못하고 있다. 꼴찌가 아무리 머리를 쥐어짜도 1등이 어떤 수준으로 공부하고 있는지 상상조차 하지 못하는 것과 같다. 학교에서는 성적표라도 나오니 자신의 수준을 알 수 있지만 교회에서는 그것도 없어서 저마다 상위권이라고 도취되어 신앙생활을 한다.

다른 부분은 말하고 싶지 않다. 성경읽기, 그것만 생각하자. 성경읽기에 있어서는 거의 모든 그리스도인들이 하위권임을 인정해야한다. 꼴찌가 1등이라고 생각하는 한, 그는 공부할 수 없다. 마음이 아프더라도 자기가 꼴찌임을 인정하는 것이 공부의 첫걸음이다. 괴로운가? 그래서 인정하지 못하겠는가? 당신은 아직도 자신의 성경읽기 수준에 만족하는가?

3장

신앙생활에서 사탄의 계략들을 파헤쳐라

우리는 사탄의 계략을 파악하기 위해서 먼저 하나님의 섭리 방법을 알아야 한다. 하나님께서는 어떤 방법으로 이 세상을 치리하시는가? 주변을 자세히 둘러보면 그것을 알 수 있다. 하나님께서는 밥을 먹지 않아도 배부르게 하실 수 있지만 보편적으로 그렇게 안하신다. 공부를 하지 않아도 100점 맞게 하실 수 있지만 그렇게 안하신다.

성경도 마찬가지다. 하나님은 우리가 성경을 읽지 않아도 은혜를 충만하게 받을 수 있게 하실 수 있지만 그렇게 안하신다. 배고프면 밥을 먹어야하는 것처럼, 백점을 맞으려면 공부를 열심히 해야 하는 것처럼, 우리가 은혜를 충만히 받기를 원한다면 성경을 이해하며 열심히 읽어야 한다. 이것이 하나님의 섭리 방법이다. 이것을 알고 사탄의 계략을 파헤쳐보자.

박해시대. 과연 사탄이 가장 활발하게 활동하던 시대인가? 이때는 사탄이 하나님을 믿지 못하게 하면 할수록 성도들은 너나 할 것 없이 생명을 잃더라도 더욱 열심히 믿었다. 박해가 심해질수록 성도들은 성경을 더 중요하게 여기고 더 열심히 읽었다. 아직도 박해가 있는 중국이나 북한의 지하교회에서는 다 찢어진 성경을 보물단지같이 여기고 있다. 박해시대는 사탄이 승리하는 시기가 아니라 성령이 가장 크게 역사하시는 시기였다. 사탄은 박해라는 방법으로 성경읽기를 무력화 시킬 수 없었다.

그래서 사탄은 성경읽기를 소가 닭 쳐다보듯이 하는 방법을 쓰기로 했다. 그렇게 하기 위해서 세상의 가치들을 더욱 소중히 여기도록 했다. 대표적인 것이 돈이다. 말씀은 최고의 가치지만 사람들은 그것을 잊어버리고 그 자리에 돈을 앉혔다. 성도들은 돈을 버느라 성경을 읽을 시간이 없었다. 결국 성경의 가치는 하락하고 돈의 가치는 치솟았다.

사람들은 주일에도 일했다. 성경을 열심히 읽는 성도들

이 점차 줄어들었다. 성경에 차츰 먼지가 쌓이기 시작했다. 그러나 열혈성도들 중에는 아직도 성경 열독자가 많았다. 사탄은 성에 안찼다. 더 교묘한 방법이 필요했다.

그래서 사탄이 고안한 방법이 신앙생활의 다른 부분을 강조함으로써 성경읽기를 대체하는 것이었다. 예를 들면 "구제를 많이 하면 하나님은 성경 읽은 것 못지않게 칭찬해 주실 거야" 하는 생각을 심어주었다. "지루한 이 시간을 찬양이나 기도로 대체하면 어떨까? 어차피 찬양 가사도 말씀이 아닌가? 쉬지 말고 기도하라고 하시지 않았던가"라고 속삭였다. 성도들은 생각했다. "성경을 읽어야 하는데, 그것이 지루하단 말이야. 그러니 대신 기도를 열심히 하자. 찬양을 열심히 하자"고 몸이 반응했다. 어느새 성도들은 기도회에 열심히 다니고 있었다. 평일에는 찬양집회로 향하고 있었다. 의식적으로 행하는 사람도 있었고, 무의식중에 이 과정으로 나아가는 사람도 있었다. 성경도 열심히 읽고, 기도도 열심히 하고, 찬양도 열심히 하던 성도들이 이제 찬양만으로, 기도만으로 만족해갔다. 그것으로 소리 지르며 스트레스를 풀기 시작했다. 지루하지도 않았다. 은혜가 되는 것 같았다.

찬양

많은 청년들이 오늘도 찬양집회로 발걸음을 옮긴다. 수
많은 청년들이 손을 들고 찬양하는 모습은 참으로 아름답
다. 사실상 교회의 미래가 이들에게 달려있다고 할 수 있
다. 그러나 어떤 이들의 마음 깊은 곳에는 "그냥 여기에만
오면 왠지 믿음의 사람이 된 것 같아. 이것으로 좋아. 성경
은 덮어두자. 지하철에서만 보자"와 같은 생각이 깔려 있
다. 모든 청년들이 그렇다는 것은 아니지만, 우리 사회의
청년들 사이에 왜 세상문화가 판을 치는가? 왜 믿음의 청
년들이 이런 문화에 동참하는가?

찬양도 성경으로 말미암는다. '찬양하라! 하나님을 찬양
하라! 찬양하라! 우리 왕을 찬양하라!', '하나님께 노래하며
그 이름을 찬양하라!'(시편)—우리는 초등과정에 있으니 장
과 절은 생략한다. 말씀이 찬양하라 하시니 찬양하는 것이
다. 성경이 찬양하라 하시니 찬양하는 것이다. 그러나 우
리는 지금 성경을 무시하고 있지 않은가! 성경이 무시된 찬
양, 말씀으로 비롯되지 않은 찬양은 그저 가요와 다름없는
노래에 머무를 뿐이다.

찬양도 말씀대로 해야 한다. 스트레스를 풀고 내가 감동
받기 위해 찬양하는 것이 아니다. 이것은 나만의 우려가 아

니다. 찬양집회 가운데서도 자성적인 목소리가 나오기 시작했다. 찬양집 『마음의 예배』에 '찬양의 열기 모두 끝나면'이라는 곡이 있다. 이 찬양의 가사를 살펴보면 이렇다.

찬양의 열기 모두 끝나면 주 앞에 나와

더욱 진실한 예배드리네.

주님을 향한 노래 이상의 노래

내 맘 깊은 곳에 주께서 원하시는 건

화려한 음악보다 뜻 없는 열정보다

중심을 원하시죠.

주님께 드릴 마음의 예배

주님을 위한 주님을 향한 노래

중심 잃은 예배 내려놓고

이제 나 돌아와 주님만 예배해요.

영원하신 왕 표현치 못할 주님의 존귀

가난할 때도 연약할 때도 주의 모든 것.

이 찬양가사는 '찬양의 열기보다, 화려한 음악보다, 주님을 향한 진정한 노래가 필요하다'고 말한다. 뜻 없는 열정을 경계하고 내 마음 깊은 곳에 있는 주님께서 원하시는 나의 중심을 드리자고 한다. 입의 예배가 아닌 마음의 예배를 드림으로, 나를 위한 나를 향한 노래가 아닌 주님을 위한 주님을 향한 노래를 드리자고 한다. 중심 잃은 예배를 배격하고, 주님만 예배하며, 왕께 대한 가치를 갖는 최고의 존귀를 주님께만 드리자고 한다.

찬양을 부르는 사람들 중에 영적으로 민감한 성도들은 찬양집회 가운데 은연중에 파고 들어와 있는 사탄의 계략을 간파하고, 동일한 찬양이라는 도구를 사용하여 그 사실을 경계하고 있다. 그러나 이것이 큰 효력을 나타내지는 못하는 것으로 보인다. 이미 사탄의 계략에 말려든 자들에게는 이런 참된 호소가 제대로 들리지 않는 것이다. 그래서 우리는 늘 깨어 있어야 하고, 끊임없이 경계의 목소리를 높여야 한다.

찬양의 본뜻은 쉽게 말해 하나님을 칭송하는 것이다. 그러니 알아야 면장을 한다고 말씀을 알아야 하나님을 칭송할 수 있지 않겠는가! 말씀을 통해 하나님께서 어떤 분이신지를 알 때에야 우리는 그 분을 올바르게 찬양할 수 있는 것이다.

찬양은 나의 상태와는 별개의 행위이다. 기분 좋으면 찬양하고 슬프면 찬양하지 않는 것이 아니라, 말씀을 이해하면 하나님을 항상 칭송할 수밖에 없음을 알게 된다. 우리는 만물을 창조하신 하나님에 대한 말씀을 읽어야만 창조주 하나님을 찬양할 수 있다. 우리와 영원히 함께하시겠다는 말씀을 읽어야만 임마누엘 하나님을 찬양할 수 있다. 말씀을 이해할 때에야 비로소 속에서 우러나오는 진정한 찬양을 드릴 수 있는 것이다.

말씀 없는 찬양은 하나님을 높이고 하나님을 칭송하는 찬양이 아니라 나를 위한 노래가 된다. 오직 나만을 위한 노래가 된다.

기도

오늘도 많은 성도들이 기도회에 참석한다. 목이 찢어져라 부르짖는다. 세계와 민족, 공동체, 교회, 이웃, 가족과 나를 위해 기도한다. 어쩌면 이들이 있어서 대한민국이 이만큼 버티고 서 있는 것이리라! 많은 기도제목을 놓고 기도하지만 그래도 기도의 중심은 우리의 가정이 된다. 문제가 없는 집이 없는 만큼(아니 하나님의 섭리임에도 인간의 눈에는 문제로 보이는) 가정을 위해서 더욱 열심히 기도한다. 즉 나의 문제를 위해서 하는 기도가 대부분을 차지한다는 것이다.

또 시간을 내서 가정예배를 드린다. 찬양으로, 말씀으로, 기도로 하나님께 드린다. 사뭇 균형 잡힌 예배인 것처럼 보인다. 성경을 몇 장 읽고서는 충분하다고 생각하고, 내용을 아는 것은 아는 대로 모르는 것은 모르는 대로 그냥 지나간다. 겉으로 보자면 흠잡을 데 없는 그리스도인들 같고 크리스천 가정인 것 같다.

우리는 주일학교에서 이렇게 기도하는 법을 배웠다. "첫 번째 손가락을 꼽으며, 하나님을 부르라. 두 번째 손가락을 꼽으며, 나의 죄를 하나님께 아뢰고 보혈로 나의 죄를 씻어 주시기를 간구하라. 세 번째 손가락을 꼽으며, 하나님을 찬양하고 감사를 드리라. 네 번째 손가락을 꼽으며, 이웃을 위해 기도하라. 그리고 맨 마지막으로 새끼손가락을 꼽으며, 나를 위해 기도하라"(가톨릭에서 파생한 것 같기도 하지만 그 내용은 다르다). 그러나 오늘날의 기도는 나를 위한 기도가 대부분을 차지한다. 왜 그럴까? 말씀이 없는 기도를 드리기 때문이다.

말씀이 나의 마음을 찔러야 회개가 나온다. 말씀이 나의 마음을 감싸야 하나님을 높일 수 있다. 말씀이 눈을 뜨게 해야 범사에 감사할 수 있다. 말씀이 나를 적셔야 이웃을 위한 진실한 기도가 나온다. 말씀이 내 삶에 굳게 서야 나를 위한 기도가 줄어든다.

그런데 말씀이 없다. 물론 모든 기도회 참석자가 그렇다는 것은 아니다. 그러나 그렇게 많은 기도회가 있지만 왜 우리 동네가 기독교 가치관에 서지 못하고 있는가? 왜 이웃집에 누가 사는지도 모른다는 이야기들이 나오는가? 왜 우리 동네에 하나님의 사랑이 모락모락 피어오르지 못하는가? 어디선가 말씀의 부재가 일어나고 있는 것임을 미루어 짐작할 수 있다.

기도를 하려면 하나님의 뜻에 맞는 기도를 해야 한다. "구하여도 받지 못함은 정욕으로 쓰려고 잘못 구하기 때문이라"(야고보서)고 말씀하셨다. 정욕으로 기도하는 이유는 하나님의 말씀을 알지 못하기 때문이다. 단적으로 말해 하나님의 말씀을 알지 못한 채 하는 기도는 응답 받을 수 없다. 말씀을 이해하지 못하고 어떻게 하나님의 뜻을 알 수 있으며 하나님의 뜻대로 기도할 수 있겠는가? 열심히 기도하고 오래 기도하는 것이 중요한 게 아니라, 1분을 기도하더라도 하나님의 뜻대로 기도하며 말씀을 붙잡고 기도해야 한다. 성경에서도 "또 기도할 때에 이방인과 같이 중언부언하지 말라 그들은 말을 많이 하여야 들으실 줄 생각하느니라"(마태복음)고 말씀하시지 않았는가?

기도회와 찬양집회는 반드시 필요하고, 많은 사람들이 모여서 그리하면 좋다. 그러나 말씀이 없다면 이런 모든 행위가 밑 빠진 독에 물을 붓는 것과 같다는 것을 잊지 말자.

성경

때로는 성경에 없는 것을 경건의 방도로 사용하기도 한다. 예를 들면 안찰이라는 것이 있다. 때로는 안찰을 받다가 죽는 경우도 있다는 사실을 당신은 알고 있을 것이다.

안찰의 성경적 근거는 무엇일까? 이전 개역한글판성경에 따르면 열왕기하 3장 16절에서 "안찰"로 번역한 말씀이 나온다.

> 또 이스라엘 왕에게 이르되 왕의 손으로 활을 잡으소서 곧 손으로 잡으매 엘리사가 자기 손으로 왕의 손을 안찰하고(열왕기하).

그리고 이 "안찰"을 이사야서의 말씀에 접목하여 그 근거로 주장한다.

> 여호와께서 자기 백성의 상처를 싸매시며 그들의 맞은 자리를 고치시는 날에는 달빛은 햇빛 같겠고 햇빛은 일곱 배가 되어 일곱 날의 빛과 같으리라(이사야).

안찰의 성경적 근거에 대해서 고려신학대학원 신약학

변종길 교수는 이렇게 말했다.

> 개역한글판의 열왕기하 구절을 살펴보면 번역이 잘못되
> 었다는 것을 알 수 있다. 개역한글판이 "엘리사가 자기 손
> 으로 왕의 손을 안찰하고"라고 번역했는데, 여기서 "안
> 찰하다"에 해당하는 히브리어 원어는 "숨"(또는 "심")이
> 라고 발음한다. 이 단어는 "두다, 놓다"(to put, to set, to
> place)라는 뜻이다(Gesenius).

그래서 영역본 KJV에 보면 "and Elisha put his
hands upon the king's hands"라고 되어 있으며, NIV
에 보면 "Elisha put his hands on the king's hands"
라고 되어 있다. ESV도 "And Elisha laid his hands on
the king's hands"라고 번역했고, NASB도 "then Elisha
laid his hands on the king's hands"로 번역했다.

따라서 이 히브리어 단어 "숨"의 의미는 '두다. 놓다'라
는 사실이 분명하고 여기에는 이론의 여지가 없다. 그러나
어떤 연유인지는 모르나 '개역한글판'에는 잘못 번역되어
있는데, '개역개정판'에서 이를 바로잡았다. "엘리사가 자
기 손을 왕의 손 위에 얹고." '바른성경'도 바로 번역했다.
"엘리사가 왕의 손 위에 자기 손을 올려놓았다."

따라서 열왕기하에서 "안찰"의 근거를 찾는 것은 전혀
타당성이 없는 것으로 판단된다.

또 서울대학교 대학원(M.A.)을 졸업하고 국제신학대학원대학교 부총장으로 재직하고 있는 김재성 교수는 이 문제를 다음과 같이 밝혔다.

성경에는 '안찰'이라는 특별한 신앙적 행동과 그것을 지지하는 어떤 종교적인 행사가 없습니다. 지금 세계 교회는 정말로 진리를 분별하지 못하는 자들의 주관적 종교행위로 큰 혼란이 가중되고 있습니다. 한국교회만이 아닙니다. 그러므로 제 소견에 옳은 대로 하는 무리들에게 따라가지 말고 인격적으로 하나님의 능력을 체험하도록 해야합니다. 안찰이라는 어떤 육체적 행동, 특이한 행위, 어떤 특정한 동작으로만 성령의 능력을 체험하라고 말씀하신 적이 없습니다. 성령은 바람같이 역사하시는 분으로(요한복음) 우리 육체성을 가진 사람의 눈으로는 다 알 수 없는 신비로우신 하나님입니다. 그분의 능력과 힘을 의지하고 기도하는 가운데 말씀으로 주시는 지혜와 새 힘을 얻기 바랍니다.

이제 성경에서 안찰이라는 단어는 없어졌다. 본래 존재하지 않았던 단어였기 때문이다. 안찰의 문제는 말씀에 근거가 없다는 것도 있지만 그것이 시간이 오래 걸린다는 또 다른 문제가 있다. 두 시간이고 세 시간이고 안찰은 계속된다. 많이 맞을수록, 더 시커머케 멍이 들수록 좋은 결과가 있다고 믿는 것이다. "한 시간을 맞으면 분노가 생기고, 두 시간을 맞으면 회개가 나오며, 세 시간을 맞으면 사랑이 생긴다"는 말을 한다. 시간은 금인데, 왜 그렇게들 시간을 낭비하며 고생을 하는 것일까? 성경에 이런 말씀이 있다.

> 너희가 세상의 초등학문에서 그리스도와 함께 죽었거든 어찌하여 세상에 사는 것과 같이 규례에 순종하느냐?(곧 붙잡지도 말고 맛보지도 말고 만지지도 말라 하는 것이니 이 모든 것은 한때 쓰이고는 없어지리라)

> 사람의 명령과 가르침을 따르느냐? 이런 것들은 자의적 숭배와 겸손과 몸을 괴롭게 하는 데는 지혜 있는 모양이나 오직 육체 따르는 것을 금하는 데는 조금도 유익이 없느니라(골로새서).

자기 몸을 괴롭게 하는 것이 지혜 있는 것처럼 보이지만 경건에 어떠한 유익도 없다. 고통과 시간낭비라는 문제만 남을 뿐이다.

하루에 1시간도 성경을 읽지 못하는 시대에 180분이라는 시간을 다른 것에 낭비하는 것은 하나님께서 주시는 시간의 횡령에 해당하며 직무유기의 불법일 따름이다. 그 3시간을 성경을 이해하는데 쓴다면 얼마나 큰 유익이 있겠는가. 안찰을 1시간 받아야 회개가 나온다면, 성경은 이해하고 한 절만 읽어도 회개의 눈물이 흐른다. 영적인 것을 차치해 두더라도 이 얼마나 시간적으로도 유익이며 효율적인 방법인가? 사탄은 우리에게서 중요한 것들을 빼앗아 가려고 우는 사자 같이 두루 다니고 있다. 사탄의 계략을 간파하고 말려들지 말자.

설교

앞에서 말한 것보다 사탄의 더 교활한 수법이 있다. 설교를 들으면 성경을 읽었다고 착각하게 만드는 것이다. 설교를 오래들으면 들을수록 상황은 더 심각해진다. 아는 성경구절이 많아질수록 자신이 성경을 읽어서 아는 것이라고 착각하게 된다. "믿음은 들음에서 난다"고 했다고 할지 모르지만 여기서 "들음"은 말씀이 나의 마음에 박히는 것을 의미하는 것이지 귀로 듣는 것만을 말하는 것이 아니다. 아무튼 사탄의 이 방법은 오래 믿은 성도들에게 더 효과적이다. 오래 믿을수록 아는 성경구절이 많아지기 때문에 실제로는 성경을 읽지 않았음에도 성경을 안다고 착각하게 된다. 성도들이 성경의 내용을 이해하지 못한 채 설교만 많이 들을 경우 이런 현상이 나타난다. 그러나 명심해야 할 것은 머리와 꼬리 등등을 다 자르고 성경구절을 많이 아는 것과 전반적인 성경의 내용을 이해하여 하나님의 빅 픽처(Big picture)를 깨닫는 것은 하늘과 땅 차이라는 사실이다.

　대부분의 설교는 성도가 성경의 전반적인 내용을 알고 있는 것을 전제로 한다. 따라서 성경에 대한 전반적인 이해 없이 몇 구절을 뽑아 듣는 설교는 우리를 변화시키지 못한다. 한국교회의 대부라고 할 수 있는 한경직 목사님께서는 돌아가시기 전, "평생의 목회를 돌아보실 때 어떻게 생각하시느냐"는 질문에 "성도들이 왜 그렇게 설교 말씀대로 살지 않는지 모르겠다"고 말씀하셨다. 우리나라 제자 훈련의 기초를 마련하셨던 사랑의 교회 옥한흠 목사님께서도 돌아가시기 전, "평생을 제자훈련에 몸 바쳤지만 진정한 제자는 몇 명 만들지 못했다"고 말씀하셨다. 두 분 다 돌아가시기 전에 한 말씀이라는데 큰 의미가 있다. 이는 설교를 듣는 사람들이 목사님의 설교를 무시했다기보다는 성경말씀에 대한 전반적인 이해를 갖추지 못했기 때문이다. 성경말씀을 이해하지 못한 상태에서는 아무리 좋은 설교를 들어도 변화에 이르지 못함을 단적으로 보여주는 일화인 것이다.

성경모임

　여러 가지 성경에 관한 모임들(~세미나, ~학교, ~프로그램

등)이 있다. 그 모임 자체로는 신앙에 많은 도움이 된다. 하지만 그런 모임들에 참석한 자들이 강의를 들었을 뿐임에도 성경을 읽은 것처럼 생각하는 것이 문제다. 심지어 다른 사람이 성경을 열심히 읽은 이야기를 듣는 것만으로도 자신이 성경을 읽었다고 생각한다는 것이다. 간접만족이야말로 사탄이 인간을 속이기 위한 아주 쉬운 방법이다. 사탄은 그저 앉아서 구경만 하면 된다.

간접만족은 우리에게 아무런 유익을 주지 못한다는 사실을 알아야 한다. 다른 사람이 음식 먹은 얘기를 아무리 들어도 자신이 그것을 직접 먹지 않는 한 맛을 알 수도, 배부를 수도 없는 것과 마찬가지다. 어떤 성경세미나에 참여했다고 해서 내가 성경을 읽은 것이 아니다. 또한, 다른 사람이 읽은 성경 얘기를 들었어도 자신이 직접 성경을 읽지 않는 한 백날 들어도 소용이 없음을 알아야 한다.

내가 원하는 것만 골라서 받아들이는 것을 "선택적 지각"이라 한다. 대부분의 성도들이 딱 그러하다. 성경이 무슨 말을 하고 있든, 설교가 어떤 메시지를 전하려하든 간에 읽고 싶은 것만 읽고, 듣고 싶은 것만 들으려한다. 자신이 알고 있는 범위 내에서만 외부의 것을 받아들이려고 한다. 사탄은 이것을 이용해서 성경의 전반적인 이해를 방해

한다. 지혜로운 성도라면 사탄의 이러한 전략을 간파하여 배격하고, 설교를 들어도, 기도를 해도, 찬양을 해도, 세미나에 참석해도, 하나님의 말씀의 큰 그림 안에 서 있으려고 노력해야한다.

전도

전도도 마찬가지다. 나는 동네 도서관에서 이 책을 집필 했는데, 도서관에서 집에 갈 때마다 환승하는 정거장에는 항상 차를 나눠주며 전도하는 천막이 있었다. 전국에 이와 같은 수많은 전도자들이 그들 나름의 방법으로 전도를 하고 있다. 그러나 그들 모두가 성경을 이해하고 전도하는 것인지 궁금하다. 그저 '믿음으로 구원받는 것이니', '나는 오랜 신앙생활로 무장된 자이니', 또 '교회에서 하라니까' 전도하는 것은 아닐까? 성경 열독률(열독자 24%)만 참고하더라도 성경을 바로 이해하고 전도하는 성도들이 많지 않다는 사실을 알 수 있다.

성경이 말하는 전도의 명확한 뜻을 바로 알고 전도해야 한다. 동의보감을 단순히 허준이 쓴 의학서적 정도로만 알고 있다면 그는 동의보감에 대해 모르는 사람이다. 인간이 우주의 중심이며, 질병을 미리 예방하고 질병에 대처하는 방법을 가르쳐주는 책이 동의보감이라는 큰 그림을 알고 있는 자가 동의보감이라는 책에 대해서 조금이라도 안다고 말할 수 있다.

전도도 마찬가지다. 단지 사람을 끌어 모으라는 것이 아니다. 전도(傳道)라는 단어의 뜻만 보더라도, 전도는 도를 전하는 것이다. 정말 위급해서 예수천당과 불신지옥만을 외쳐도 능력을 나타낼 때가 있다. 그러나 하나님의 일반적인 방법은 내가 전하는 '도'(道)가 무엇인지 밝히 깨달았을 때만 도를 전할 수 있게 되는 것이다. 고린도전서에서 "십자가의 도가 멸망하는 자들에게는 미련한 것이요 구원을 받는 우리에게는 하나님의 능력이라"하신 이유도 말씀을 이해하지 못한 자들에게는 십자가의 도가 능력이 못되며, 오직 말씀을 이해한 자들에게만 하나님의 능력이 나타나게 됨을 알게 하기 위함이다. 예수님께서도 기회 있을 때마다 전도를 하셨지만 전도를 위해 즐겨 찾으신 장소는 회당이었다.

> 이에 온 갈릴리에 다니시며 그들의 여러 회당에서 전도하
> 시고 또 귀신들을 내쫓으시더라(마가복음).

> 갈릴리 여러 회당에서 전도하시더라(누가복음).

예수님께서는 그저 사람을 끌어 모으기 위함이 아니라

도를 전해야 하셨기 때문에 그 일을 가장 잘 할 수 있는 장소인 회당을 선택하셨던 것이다. 부디 전도는 말씀의 이해 가운데 행해진다는 사실을 알기 바란다.

또한 성경이 말씀하는 전도에 대한 중요한 개념 가운데 하나는 '증인'이라는 단어다.

내 증인이 되라(사도행전).

또 주의 증인 스데반이 피를 흘릴 때에(사도행전).

증인은 보거나 경험한 것을 증언하는 사람이다. 보거나 경험한 것이 없이는 증인이 될 수 없다. 당신은 예수님을 보고 경험한 사람인가?

구약은 오실 그리스도를, 신약은 오신 그리고 다시 오실 그리스도를 기록하고 있다. 말씀을 이해하지 못했다면 당신은 예수님의 증인이 될 수 없다. 성경에 흐르는 하나님의 큰 그림을 보게 됐을 때, 즉 성경 전체에 흐르는 하나님의 뜻을 바로 이해하게 되었을 때라야 비로소 십자가의 도를 전할 수 있고, 전도가 의미 있어지며, 풍성한 결실로 나타날 수 있다.

4장

말씀의 유일한 가치

분별력이 필요하다

사탄은 사악하지만 교묘하다. 그냥 듣고 흘려보낼 수 없는 것이 대적 원수의 생각이다. 사탄이 자주 사용하는 방법은 피를 흘리고 송곳니를 드러내는 무서운 모습보다는 환희의 천사로 가장해서 나타나는 것이다.

마음에 떠오르는 모든 생각이 다 내 생각은 아니다. 거기에는 하나님의 은혜와 사탄의 유혹이 섞여있으므로, 우리는 하나님의 은혜는 감사로 받고, 사탄의 유혹은 물리치는 분별력이 있어야 한다.

이것은 말씀으로만 가능하다. 예를 들어 성경을 읽다가 기도하고 싶은 마음이 생겼다고 가정해보자. 우리는 그것이 당연히 하나님이 주신 마음이라고 생각하기 쉽지만, 이것만으로는 분별하기 어렵다. 그런 마음이 든 배경이 중요하다. 은혜가 부어지는 말씀이 있어서 붙들고 기도를 하기 위함이라면 그것은 하나님께서 주신 마음이다. 그러나 지루함을 못 견뎌 그 시간을 기도로 대체하기 위함이라면 그것은 사탄이 준 마음이다. 예수님도 사탄을 말씀으로 물리치셨다. 말씀이 아니고서는 도리가 없다. 그만큼 말씀은 유일한 가치를 가지며, 하나님이 우리에게 주신 가장 고귀한 선물이다. 성경의 전체적인 이해 가운데 내가 왜 찬양하려고 하는지, 기도하는 목적이 무엇인지, 왜 세미나에 참석하려는지 그 목적을 분명하게 알아야 한다.

말씀대로 산다?

교회에서 이런 말을 자주 듣는다. "아이들이 예배에 집중하지 못하지만, 교회에 나오는 것만으로도 얼마나 좋은가요?" 우리는 실패의 경험에 익숙해 있고, 많은 교회들이 성공을 경험하지 못한 상태에 있다. 그래서 기준을 최대한 낮게 잡는 습관이 생겨 버렸다.

우선 우리는 제로보다는 1이 낫다는 식의 실패 위주의 사고방식을 버려야 한다. 하나님께서는 "영으로 예배하라" 하셨지 교회에 나와 앉아만 있으라고 하지 않으셨다. 하나님께서는 늘 성공을 기준으로 삼아 100%의 신앙생활을 명하셨다. 구약에 자주 등장하는 "진멸하라"는 말씀에 거부감을 나타내는 성도들도 있는데 이 말씀 역시 100% 였을 때에만 우리가 복된 삶을 살 수 있다는 하나님의 사랑이 함의되어 있다. 성경도 5장 읽는 것이 안 읽는 것보다는 나은 게 아니라 100%로 성경을 읽어야 한다. 여기서 100%는 통독이 아니라 성경의 '이해'를 뜻한다. 저 밑바닥의 낮은 기준을 버려라. 그래야 내가 살고, 내 영이 산다. 성경을 읽고 이해할 수 있다.

오늘날 무슨 기도회, 무슨 찬양집회, 무슨 구제단체들이 많다. 사람들이 그리로 몰린다. 그러나 말씀읽기에 대한 모임은 어떤가? 실제적으로 성경을 이해하며 읽자는 모임은 찾아보기 어렵다. 어렸을 때부터 감리교 사경회를 보고 자랐고 목사가 된 후 강의도 해본 나로서는 사경회가 어떻게 축소되어 왔는지 분명하게 보았다. 이단들은 이것을 노리고 거짓 성경공부로 사람들을 유혹하여 죽음의 자리로 이끌고 있지 않은가! 이제는 성경공부다 하면 이단이 먼저 떠오르는 시대가 되었다. 왜 이렇게 되었는지 의문이 들지 않는가?

우리가 이 세상을 하나님의 뜻에 맞게 살아가기 위해서는 말씀에 대한 전반적인 이해가 필요하다. 이 시대에 사탄은 어느 정도 성공한 듯하다. 많은 사람들이 성경을 안 보게 되었으니까 말이다! 그럼에도 자신은 말씀대로 산다는 사람들이 많다. 말씀을 이해하지 못하고 어떻게 말씀대로 살아간다는 말인가?

주님께서는 "서로 사랑하라" 하셨으나 여전히 싸우고들 있다. 직분이 높을수록 더 싸운다. 주님께서는 "비판하지 말라"고 하셨으나 모이면 누군가의 단점을 들춰내기에 바쁘다. "범사에 감사하라" 하셨으나 불평과 불만이 입에서 떠나지 않는다. 이것이 말씀대로 사는 삶인가? 말씀을 외우고는 있지만 행동은 전혀 변화되지 않고 있다. 분명히 말하지만 이것은 무슨 변명을 더하더라도 말씀대로 사는 삶이 아니다. 이방인이라 하더라도 정말 말씀을 두려워한다면 그 말씀대로 살게 되어 있다.

바로의 신하 중에 여호와의 말씀을 두려워하는 자들은 그 종들과 가축을 집으로 피하여 들였으나(출애굽기).

누가 하나님의 말씀대로 사는 사람인가? 그리스도인이라 자처하고 말씀을 기억하면서도 형제를 미워하는 자인가? 비록 이방인이지만 그 말씀을 두려워하여 말씀대로 행하는 자인가? 하나님께서 애굽에 우박의 재앙을 내리실 때, 왜 굳이 그 사실을 애굽 사람들에게도 알려주시고 그들도 이스라엘인들과 동일한 조건하에 두셨을까? 즉 애굽사람도 왜 집으로 들어가면 살 수 있도록 하셨는가 말이다. 전능하신 하나님께서는 이스라엘 사람들에게만 우박이 다 피해가게 하고, 애굽사람의 머리는 정확히 겨냥해서 우박을 내리시거나 그들의 집에만 집채만한 우박을 내려 박살내지 않으셨다. 이는 이스라엘 사람들이 자신들만 구원받고 이방인들은 다 멸망할 운명에 있다고 오래도록 믿어왔지만, 바울이 이방선교의 사명을 받기 오래전인 태초부터 하나님께서는 이방인들도 사랑하신다는 사실을 보여주신 것이다. 말씀을 두려워하여 말씀대로 집으로 피하여 들어갔던 애굽 사람들은 아마도 그 후에 하나님을 믿는 사람들이 됐을 가능성이 높다.

이제라도 우리는 말씀으로 돌아가야 한다. 말씀대로 산다고 말만하고 말씀을 두려움으로 이해하려 하지 않는 자는 이방인만도 못한 자이다. 그들은 실상 하나님을 모르는 자들이다. 말씀으로 세상을 창조하신 하나님, 말씀 자체이신 하나님은 오늘도 말씀으로 하나님을 알도록 하셨다. 돌아오라 부르시는 바로 이 하나님의 음성이 들리지 않는가! 우리는 말씀으로 돌아가자.

오직 성경

루터는 종교개혁 당시 '오직 성경'(sola scriptura/솔라 스크립투라)을 외쳤다. 위키 백과에 따르면 루터가 외쳤던 '오직 성경'(sola scriptura)이란 "성경은 믿음과 실천의 유일하며 무오한 규칙"이라는 기독교 신학 교리이다. 이것은 종교회의나 어떤 교회의 규칙보다도 '성경'이 최고의 권위를 갖는 하나님의 말씀이며, 모든 것들에 앞서서 주장되어야 하며, 다른 신학적 주장은 '오직 성경'으로 검증되어야 한다는 것이다.

'오직 성경'의 뜻을 좀 더 쉽게 생각해 보자. 우리는 성경읽기의 초등과정을 알아보고 있는 만큼 '오직 성경'이란 "성경을 이해하며 읽는 것"이라고 나는 말하고 싶다.

우리가 잘 아는 코페르니쿠스는 지구가 돌고 있다는 사실을 이해했을 때 "지구는 돈다"라고 말할 수 있었다. 죽음

앞에서 마지못해 그 말을 철회했지만 돌아 나오며 이렇게 말했다. "그래도 지구는 돈다."

'오직 성경!'이라고 외쳐보라. 성경을 이해한 사람만이 '오직 성경'이란 말이 마치 "지구는 돈다!"(지금은 너무도 당연한 사실)라는 말처럼 자연스럽게 나온다.

사탄은 우리에게 속삭인다. "말씀은 안 읽어도 돼. 아니 읽으려면 다섯 장 또는 석 장, 이런 식으로 읽어. 그 정도만 해도 안 읽는 것보다는 낫고 열심히 읽는 것이야. 그래, 시간 있으면 1독하고 10독 하면 돼. 이해하지 못해도 그냥 100독만 해. 그리고 다른 신앙생활을 열심히 하면 모든 것이 채워진다고. 그러면 하나님께서 더 예뻐하실 거야"라고……. 우리가 이런 유혹을 물리치고 '오직 성경!'을 외칠 때에야 성경이 진짜로 읽어지기 시작한다.

5장

영적쾌락주의를 조심하라

이 부분은 너무나 교묘하여 쉽게 분별하기 어렵기 때문에 따로 설명할 필요가 있다. 우리는 때로 사탄의 속삭임을 하나님의 말씀으로 착각한다. 사탄, 즉 속이는 자에게 속는 것이다. 그래서 하나님께서는 "늘 깨어 있으라"고 명령하신 것이다. '깨어있다'란 말은 대단히 깊은 뜻을 가지고 있지만, 그 말을 성경읽기에 국한시켜 본다면 '성경읽기를 저해하는 세력이 있다는 것을 분명히 알고 그것을 물리치라'는 것이다

역대상에 보면 "사탄이 일어나 이스라엘을 대적하고 다

윗을 충동하여 이스라엘을 계수하게 하니라"는 말씀이 있다. 다윗은 그 얼마나 훌륭한 믿음의 사람인가! 그 얼마나 하나님의 말씀에 민감한 사람인가! 그런 그가 사탄의 속임수에 넘어갔다면, 우리는 사탄의 속임수에 넘어가지 않았다고 자신 있게 말할 수 있을까?

인간은 본능적으로 쾌락을 추구한다. 쾌락이라고 해서 단순히 성적쾌락이나 마약과 도박 같은 것만을 말하는 것이 아니다. 우리는 주위에 거룩한 모습으로 둔갑해 있는 구미호 같은 쾌락을 간파하고, 그것을 물리쳐야 한다.

그런데 그것이 쉽지가 않다. 쾌락에는 중독이라는 강력한 힘이 도사리고 있기 때문이기도 하지만, 앞에서 말한 대로 그 모습이 거룩한 것처럼 보이는 것들이 많기 때문이다. 그래서 우리는 그것을 쾌락이라고 생각하지 않고 거룩한 것으로 믿고, 그 쾌락을 누리는데 더 열심을 보인다. 보편적으로 그러한 것들에 대해 나쁘다는 인식이 없다. 오히려 "저 권사님은 기도를 참 열심히 해", "저 장로님은 찬양을 참 잘해"라며 열정 있고 노력하는 것으로 인정한다. 그러나 좀 더 깊게 생각해 보자.

쾌락은 우리에게 짜릿한 쾌감을 준다. 세상에서도 그렇지만 신앙 안에서 우리는 이러한 것들을 더욱 조심해야 한다. 내가 청년시절에 수련회를 갔을 때 교회 부목사님께 은혜라는 것이 무엇인지 질문한 적이 있었다. "감동이 오면 그것이 은혜입니까?"라고 말이다. 부목사님은 "그럴 수도 있고 아닐 수도 있다"고 답하셨다. 당시에 그런 대답은 나도 하겠다고 생각했지만 시간이 지날수록 그만한 대답이 없다는 생각이 들었다. 그 당시에 좀 더 자세히 설명해 주셨더라도 과연 내가 알아들을 수 있었겠나 하는 생각도 든다. 과연 은혜란 무엇일까?

나는 "은혜 받았다"라는 말을 자주 듣기도 하고 쓰기도 한다. 목회를 할 때 그 말을 더 자주 들었다. 일주일에 몇 번씩 설교를 하니 당연한 일이었다. "설교에 은혜 받았습니다"란 말을 들을 때면 난 으쓱해지곤 했다. 그러나 언젠가부터 이상하다는 생각이 들었다. 바빠서 대충 설교를 준비했음에도 불구하고 은혜를 받았다고 하는 반면, 이번 설교는 정말 열심히 준비했다고 생각했는데 오히려 은혜를 못 받았다고 하는 경우가 생겨나는 것이었다. 그래서 심지어 설교는 대충 준비해야 은혜를 받는구나 하는 생각도 들었다.

그러나 깊이 생각해보다가 난 하나의 깨달음을 얻었다. 그것은 소위 사람들이 말하는 은혜가 청년시절 나의 질문처럼 감동이 왔느냐 안 왔느냐로 결정되고 있다는 사실이다. 그것은 은혜를 받았다는 분들이 설교의 본뜻을 전혀 모른다는 것과 삶이 변화되지 않는 것을 보면 알 수 있었다. 물론 설교의 본질과 상관없이 '레마'(나에게만 주시는 말씀)를 깨달아 은혜를 받는 경우도 있지만 내가 본 실상은 그렇지 않았다. 자신의 생각과 맞고 감동이 있으면 은혜 받은 것이고, 그렇지 않으면 은혜를 못 받은 것으로 간주한다는 것이다. 앞에서 언급한 선택적 지식이해가 은혜에도 그대로 적용되고 있었다.

옛날에 내가 불의 혀 같은 성령의 충만함을 받았을 때(지금은 하나님이 바람 같은 성령님으로 나와 충만히 함께 하신다) 어떤 식의 예배인지, 설교자가 누구인지, 어떤 설교인지는 상관없었다. 예배만 드리면, 그리고 하나님의 이름만 나오면 눈물이 흘러내렸다. 그때 하나님은 어떤 설교자, 어떤 설교를 안 따지시고 하루 24시간 내내 은혜를 내려주고 계심을 알게 됐다. 다만 인간이 그것을 느낄 만큼 영으로 살고 있지 않은 것이 문제였다. 그래서 "하나님은 영이시니 예배하는 자가 영과 진리로 예배할지니라"(요한복음)고 하시지 않았던가? 여기서 진리는 말씀을 의미한다. 영과 말씀으로 살아야 은혜를 입을 수 있다.

전도사 때였는데 은혜를 받아서 그런지 교회일이 하나도 힘들지 않았다. 새벽 3시에 일어나 새벽기도회 차량 운행을 하고 교회 문을 열었다. 때로 목사님이 안계시면 설교도 하고 새벽기도가 끝나면 다시 운행하고, 또 교회에 카페가 있어서 하루 종일 커피를 타서 날랐다. 유치부, 유년부, 소년부, 청소년부, 청년부까지 모든 주일학교를 담당했고, 사무원도 겸직했으며, 여선교회 회원들과 전도도 다니고, 심지어 할머니 권사님들이 장보는 것도 도와드렸다. 모든 일과가 끝나면 교회 문을 잠그고 교회에서 잠을 잤다. 집이 없어서가 아니라, 맡은 일을 잘 감당하기 위해서 교회에서 자는 것이 당연하다고 생각했기 때문이다. 교회 내에 안 자본 방이 없었다. 사무실에서도 자고, 지하실에서도 자고, 유아실에서도 자고, 주일학교 예배당에서도 잤다. 그리고 하루에 3시간은 꼭 기도를 했다. 일이 아무리 늦게 끝나도 꼭 한 시간 이상씩은 기도를 하고 잤다. 그 기간 동안 왜 힘든 일이 없었겠는가? 왜 화날 때가 없었겠는가? 그러나 하나님의 은혜는 항상 나에게 내려지고 있었다. 은혜란 그런 것이다.

그러나 행동은 변화가 안 되면서 감동만 찾아다니는 교인들이 있다. 감동을 찾아 여기저기를 떠돈다. 자신에게 감동이라는 쾌락을 주는 설교자를 찾아 헤매고 있다. 삶이 고단하기 때문이리라! 성경 읽는 것은 지루하고 울부짖는 기도회는 속이 후련하니 그 쪽을 택한다. 성경을 읽어도 무슨 소린지 알 수도 없고, 성경책을 펴는 순간 빽빽한 글씨에 눈이 핑핑 돈다. 그래서 가뜩이나 노래를 좋아하는 우리 민족의 특성을 밑바탕으로 목청껏 찬양하고 눈물 흘리는 찬양집회로 성경읽기를 대신한다. 기도회와 찬양집회를 반대하고자 하는 것은 아니라는 점은 앞에서 밝혔다. 오해하지 말기를 바란다. 영적쾌락주의를 조심하라는 뜻이다. 그리고 쾌락은 중독되기 마련이고, 일단 중독되면 헤어 나오기가 힘들다. 평생을 그렇게 살아갈지도 모른다.

많은 사람들이 기도하고 찬양을 한다. 그 중에는 말씀 위에 서서 기도하고 하나님을 찬양하는 성도들이 있다. 하지만 영적쾌락주의에 빠진 성도들이 상당수 존재하는 것이 현실이다. 사탄의 속삭임이 들리지 않는가? 내 마음을 흡족하게 해주는 것만을 쫓으라고…. 말씀은 뒤로 미루라고 말이다.

디모데전서에 "누구든지 다른 교훈을 하며 바른 말 곧 우리 주 예수 그리스도의 말씀과 경건에 관한 교훈을 따르지 아니하면 그는 교만하여 아무 것도 알지 못하고 변론과

언쟁을 좋아하는 자니 이로써 투기와 분쟁과 비방과 악한 생각이 나며 마음이 부패하여지고 진리를 잃어 버려 경건을 이익의 방도로 생각하는 자들의 다툼이 일어나느니라"고 말씀하고 있다.

경건을 이익의 방도로 삼지말자. 경건의 중심에는 내가 아닌 하나님께서 계셔야 한다. 지금 내가 하고 있는 경건의 방도가 나를 위한 것인지 하나님을 위한 것인지 다시 한 번 돌아보자. 그리고 무엇보다도 우리 주 예수 그리스도의 말씀과 경건에 관한 교훈을 이해하자. 말씀을 따르지 아니하면 잘못되기 쉽다. 우리는 영적쾌락주의에 중독되지 않도록 조심해야 한다.

제2부

성경읽기의 디딤돌 놓기

6장

왜 성경을 읽어야 하는가?

정답은 성경이 가장 중요하기 때문이다. 문제는 이것을 진짜로 아는가 하는 것이다. 어디선가 이런 글귀를 봤다. "말하지 않아도 행동으로 보이면 그게 말이다." 우리는 말로만이 아니라, 성경이 최초의 능력이자 최고의 능력임을 믿는 행동이 있어야 한다. 왜 성경을 읽어야 하는지 진짜 안다면, 그것이 삶으로 나타나야 한다. 삶으로 나타나지 않으면 모르는 것과 마찬가지다. 성경이 삶에서 행동으로 나타나게 하자. 성경을 왜 읽어야 하는지 제발 진짜 알도록 하자. 그래야 성경을 잘 읽고 이해할 수 있다.

말씀만이 세상을 변화시킨다

한 집 건너 교회가 있고 고위 공직자부터 서민에 이르기까지 많은 크리스천들이 포석(布石)되어 있지만 우리사회는 마치 크리스천이 한 명도 없는 것처럼 세상문화를 내뿜고 있다. 교회가, 성도가, 사회에 영향력을 끼쳐야 하는데 이제는 이 사명을 모두 포기해 버린 것만 같다. 오히려 세상이 교회와 성도들을 바꾸어놓고 있다. 세상 것들이 그런 성도들을 따라 교회로 들어왔고 또 들어오고 있는 중이다. 그래서 세상이 변하는 것이 아니라 교회가 변해가고 있고, 성경적 근거가 없는 것들이 교회를 많이 차지했다. 아이러니하게 교회가 어떻게 세상처럼 변해야 사람들이 교회를 찾을까를 고민하고 있고, 또 그렇게 변하고 있다.

그러나 매번 한발 늦어 세상의 기준에는 못 미쳐 세상에 외면당하고 있다. 그럼에도 이런 사실을 깨닫지 못하고 오늘도 교회가 세상을 따라가려고 물질과 정력을 소비하고 있다.

예수님과 성경의 많은 인물들은 어떤 의견을 주장할 때 성경을 자주 인용하셨다. 그러나 요즘은 성경을 근거로 이야기하는 것을 들어보기 어려울 뿐만 아니라 근근이 듣는 성경말씀도 잘못된 인용이 많다. 그러하니 교회가, 성도가,

세상에 영향력을 미칠 수 없는 것은 당연하다.

왜 그럴까? 이 문제에 대해서 정확하고 근본적인 분석이 필요하다. 많은 이들이 교회가 세상을 변화시키지 못하는 것은 성도들의 삶이 변하지 않기 때문이라고들 말한다. 이 말은 맞지만 근본적인 분석은 아니다. 왜 삶이 변하지 않는가를 한 번 더 물어봐야 한다. 그리고 사람들은 삶이 변해야 한다고 말하지만 정작 어떻게 해야 삶이 변할 수 있는 지를 알려주지 않는다.

핵심을 찾는 방법 가운데 답이 아닌 것들을 하나씩 제거해 나가는 방법이 있다. 이 방법을 통해 왜 교회가 세상에 영향력을 미치지 못하는지를, 즉 그리스도인들이 사회에서 자신이 그리스도인임을 확실히 밝히며 강력하게 복음을 전함으로써 더러운 세상 문화를 격파하고 기독교 가치관이 세상에 넘칠 수 있게 하지 못하는지를 알아보자.

우선 그 이유는 교회가 적기 때문인가? 그렇지 않다는 것을 독자들이 잘 알 것이다. 빨간 십자가들이 야경(夜景)을 물들이고 있다. 아래 위 층이 교회다. 맞은편에 또 교회가 있다. 교회가 없기 때문에 세상이 변화되지 않는 것은 확실히 아니다. 교회는 아주 많다. 목회자들도 충분히 많다. 그것이 나약한 교회의 이유가 아님을 알 수 있다.

그렇다면 예배를 드리지 않기 때문인가? 매 주일 11시면 전국의 모든 교회가 동시에 하나님께 예배를 드린다. 주일 오전 7시, 9시, 오후 2시 등 예배를 더하여 드리는 교회들도 있다. 1, 2, 3, 4부 그 이상의 예배를 드리는 교회들도 있다. 주일오후예배를 드리는 교회들이 많아졌지만 아직도 주일저녁 7시 예배를 고수하는 교회들도 있다. 수요일 저녁에도 예배를 드리고 금요일은 철야예배나 기도회로 모이고 있다. 날마다 새벽 4-5시에는 새벽예배로 모인다. 그 밖에 여러 예배를 드리고 있다. 그렇다면 예배의 질을 따지기에 앞서 예배의 양이 세상을 변화시키지 못하는 원인이 아님을 알 수 있다. 교회가 세상에 영향력을 미치지 못하고 있는 원인목록에서 예배는 지우자.

기도는 어떤가? 기도하지 않기 때문에 세상이 변하지 않는가? 기도하지 않기 때문에 그리스도인들이 힘을 잃어가고 있는가? 나의 목회를 돌아볼 때, 전체 성도 대비로는 많다고 할 순 없지만 그래도 적지 않은 성도들이 열심히 기도하는 모습을 보아왔다. 매일 저녁 교회에 나와 밤이 새도록 기도하는 성도들이 있었다. 학생들이나 직장인들은 하교나 퇴근 시에 교회에 들려서 기도하곤 집으로 돌아가는 모습도 자주 봤다. 새벽예배나 금요철야예배도 핵심은 기도다. 새벽예배나 금요철야에 나와 한 시간 이상 기도하는 성도들이 있었다. 교회의 각 부서들이 기도회로 모이는 경우도 많았다. 교회에서의 기도로는 부족해 교회 밖의 기도 모임에 참석하는 경우도 있었다. 이런 것들로 기도가 충분하다고 말할 수는 없지만, 기도 역시 세상을 변화시키지 못하는 핵심 이유는 아닌 것만은 분명하다.

찬양도 마찬가지다. 찬양은 앞에서 충분히 서술했다. 한 가지만 덧붙이겠다. 인터넷에 들어가 보면 많은 음악 사이트들이 있다. 그곳들의 음악장르를 보면 찬양이 반드시 들어가 있는 것을 볼 수 있다. 다른 종교의 음악은 없더라도 찬양은 하나의 장르로 분명히 자리매김하고 있다. 찬양은 어느 정도 세상을 뚫고 나갔다. 이것만 보더라도 찬양이 부족해서 세상이 변하지 않고 있는 것은 아닐 것이다.

그럼 남은 것은 무엇인가? 우리의 기억 속에서 흐릿해져 가고 있는 말씀이다. 교회는 많지만 말씀모임은 별로 없다. 성경읽기 모임도 없는 교회가 많고, 그 많던 성경공부 모임도 이제는 많이 줄어들었다. 기도회는 있지만 말씀회는 없다. 성도들이 모이면 수 없이 많은 이야기들을 나누지만, 그들의 입에서 말씀을 듣기는 가물에 콩 나듯 어렵다. 당연히 생활의 변화가 없음은 말할 것도 없다. 심은 대로 거두는 것이 말씀의 이치이기 때문이다. 변화가 없으니 다른 사람을 변화시킬 수 없는 또 다른 문제를 낳는다. 다시 말해 말씀이 없기에 내가 변화되지 못하고 다른 사람도 변화시킬 수 없으며 오히려 세상에 패하고 교회는 무력해지고 말았다는 것이다.

바로 그 이유가 모든 문제를 낳았다. 반기독교 세력도 그렇게 태동됐으며 교회를 향한 세상의 질타도 그 이유 때문이다. 그리스도인들이 말씀대로 살지 않는다는 것이 그 질타의 핵심이다. 이제는 뉴스에 그리스도인들이 등장하는 것이 낯설지 않다. 뉴스에 나오지 않는 그리스도인들이라고 괜찮다고 할 수는 없다. 내 죄를 내가 알기 때문이다. 분명 말씀과 교인들이 분리되어 있다.

우리는 이제 이유를 알았다. 교회가 이렇게 많은데도 세상을 변화시키지 못함은 예배하지 않기 때문도 아니요, 기도하지 않기 때문도 아니며, 찬양하지 않기 때문도 아니다. 그것은 오직 말씀이 없기 때문이다. 말씀이 없으면 예배도 기도도 찬양도 힘을 잃는다. 변화의 능력을 나타낼 수 없다.

'삶이 변하게 해주세요'라는 기도만으로는 부족하다. 기도는 그렇게 하는 것이 아니다. 말씀을 붙잡고 기도해야 바른 기도가 된다. 말씀을 증거로 제시하고 그 약속이 나에게 이루어지기를 기도해야 약속이 이루어지는 응답을 받을 수 있다. 아브라함도 하나님 앞에 말씀(약속)을 제시하며 요구(기도)했다.

> 하늘의 하나님 여호와께서 나를 내 아버지의 집과 내 고향 땅에서 떠나게 하시고 내게 말씀하시며 내게 맹세하여 이르시기를 이 땅을 네 씨에게 주리라 하셨으니 그가 그 사자를 너보다 앞서 보내실 지라. 네가 거기서 내 아들을 위하여 아내를 택할지니라(창세기).

아브라함이 자기 종에게 아들 이삭의 아내를 구해오라고 보내며 한 말이다. 걱정하는 종에게 하나님의 약속을 알려주며, 이렇게 하나님이 말씀하셨기 때문에, 주의 사자가 앞서 행할 것이니 안심하라고 당부한다. 여기서 무엇을 알 수 있나? 아브라함은 아들의 아내를 위해 기도할 때 자손을 하늘의 별과 같이 땅의 모래같이 주실 것이라는 하나님의 약속을 붙잡고(제시하며) 이미 기도했음을 알 수 있다. 그렇기 때문에 그의 종에게도 자신 있게 말할 수 있었던 것이다.

모세도 기도할 때 항상 하나님의 약속을 제시하며 기도했다. 그렇기 때문에 항상 기도에 응답을 받을 수 있었다. 그가 하나님과 대면한 사람이라는 칭호를 들을 수 있었던 것도 말씀을 붙잡는 기도 때문이었다. 다음은 유명한 모세의 기도이다.

> 여호와께 간구하여 이르되 주 여호와여 주께서 큰 위엄으로 속량하시고 강한 손으로 애굽에서 인도하여 내신 주의 백성 곧 주의 기업을 멸하지 마옵소서 주의 종 아브라함과 이삭과 야곱을 생각하사 이 백성의 완악함과 악과 죄를 보지 마옵소서 주께서 우리를 인도하여 내신 그 땅 백성이 말하기를 여호와께서 그들에게 허락하신 땅으로 그들을 인도하여 들일 만한 능력도 없고 그들을 미워하기도 하사 광야에서 죽이려고 인도하여 내셨다 할까 두려워하나이다 그들은 주의 큰 능력과 펴신 팔로 인도하여 내신 주의 백성 곧 주의 기업이로소이다 하였노라(신명기).

이 기도는 모세가 출애굽에서 하나님의 약속을 기억하고 하나님 앞에 제시하며 드린 것이다.

> 내가 아브라함과 이삭과 야곱에게 주기로 맹세한 땅으로 너희를 인도하고 그 땅을 너희에게 주어 기업을 삼게 하리라 나는 여호와라 하셨다 하라(출애굽기).

> 여호와께서 모세에게 이르시되 이제 내가 바로에게 하는 일을 네가 보리라 강한 손으로 말미암아 바로가 그들을 보내리라 강한 손으로 말미암아 바로가 그들을 그의 땅에서 쫓아내리라(출애굽기).

예수님께서도 공생애 기간 동안 줄곧 구약을 인용해서 말씀하곤 하셨다. 특별히 마귀를 내쫓으실 때 말씀을 인용함으로써 대적하셨다.

> 사람이 떡으로만 살 것이 아니요 하나님의 입으로부터 나오는 모든 말씀으로 살 것이라(마태복음)—**신명기 인용.**

> 주 너의 하나님을 시험하지 말라(마태복음)—**신명기 인용.**

> 주 너의 하나님께 경배하고 다만 그를 섬기라(마태복음)—**신명기 인용.**

바울도 마찬가지이다. 다음은 로마서에서 바울이 시편을 인용하는 부분이다.

> 기록된바 의인은 없나니 하나도 없으며 깨닫는 자도 없고 하나님을 찾는 자도 없고 다 치우쳐 함께 무익하게 되고 선을 행하는 자는 없나니 하나도 없도다(로마서).

> 어리석은 자는 그의 마음에 이르기를 하나님이 없다 하는도다 그들은 부패하고 그 행실이 가증하니 선을 행하는 자가 없도다(시편).

오늘날은 어떤가? 말씀을 붙잡고 하나님 앞에 제시하며 기도하고 있는가? 말씀으로 마귀를 내쫓고 있는가?

십자가 목걸이를 갖다 댄다고 마귀가 물러가는 것이 아니다. 말씀이 있어야 한다. 말씀으로 복음을 전하고 있는가? 전단지를 준다고 전도가 되는 것이 아니다. 그것은 폐지로 전락할 뿐이다. 말씀으로 무장된 군인들이 전장으로 나가야 한다. 성령의 검, 곧 하나님의 말씀을 두 주먹으로 부여잡은 병사들로서 세상으로 달려 나가야 한다. 교회가 세상을 변화시키지 못함은 말씀이 없기 때문이다. 바로 이 하나님의 말씀이 없기 때문에 세상을 변화시키지 못한다. 몇 번을 말해야 이 사실이 영혼에 새겨질까? 모든 문제는 교회에 진정한 하나님의 말씀이 없기 때문이다.

말씀이 영적 승리를 부른다

지금부터 하는 이야기에 그대가 실망할지, 위로를 얻을지 모르겠다. "이런 책을 썼으니 당신은 말씀대로만 살고 있겠죠?"라고 묻는다면 나는 "그렇지 못하다"고 대답할 수밖에 없다. "그럼 어떻게 하란 말이냐?"라고 당신은 되물을 수 있다. 사실 나도 당신과 똑같은 연약한 인간이다. 쉴 새 없이 달려드는 사탄의 유혹에 수 없이 무너진다.

저는 넘어지나 아주 엎드러지지 아니함은 여호와께서 손으로 붙드심이로다(시편).

여기에 우리가 말씀을 붙잡아야 할 이유가 있다. 엄밀히 말하자면 우리가 붙잡는 것이 아니라 말씀이신 하나님께서 붙잡아 주시는 것이다. 수 천 발의 화살과 같이 우리를 향해 날아오는 사탄의 유혹 가운데서도 내가 완전히 엎드러지지 않고 다시 일어날 수 있는 것도 바로 이 때문이다. 우리는 넘어져도 다시 일어나야 한다. 일어나고 또 일어나야 한다. 말씀이 우리를 일으키신다.

그 누구도 사탄의 유혹을 받지 않는 자가 없기 때문에 우리 모두는 말씀이 필요하다. 말씀이 없으면 누구나 실패한다. 그런데도 말씀을 멀리하겠는가? 사탄은 말씀이 아니면 절대로 물리칠 수 없다. 따라서 적은 양의 말씀이든 많은 양의 말씀이든 그 내용을 이해하지 못한 자는 날마다 사탄에게 휘둘리게 되어 있다.

여기서 꼭 들려주고 싶은 이야기가 있다. 예수님께서 말씀으로 사탄을 물리치실 때 여러 번 말씀하시지 않았다는 사실이다. 우리는 어떤 경로를 통해서든지 사탄에게 물러가라고 여러 번 외치는 장면을 보아왔는데, 그것은 예수님을 향한 우리의 믿음이 부족하다는 것을 뜻한다. 말씀위에 굳게 서있지 못함을 보여주는 것이다. 바른 믿음과 온전한 말씀이라면 사탄은 즉시 굴복하게 되어있다. 예수님 앞에 즉시 굴복하지 않는 마귀란 없다. 그것들이 사탄의 부하들이라면 더욱 그렇다. 주님의 십자가의 능력은 강력하다. 사탄의 진을 파괴하는 엄청난 파워를 가지고 있다. 개역한글판에 이런 구절이 있다.

> 우리의 싸우는 병기는 육체에 속한 것이 아니요 오직 하나님 앞에서 견고한 진을 파하는 강력이라(고린도후서).

하나님께서는 우리에게 마귀를 대적할 수 있는 무기를 주셨다. 이는 육체에 속하지 않은 무기들이다. 그 무기들을 살펴보면 "구원의 투구", "의의 흉배", "진리의 띠", "복음의 신", "믿음의 방패", "성령의 검"의 여섯 가지이다. 이 중에서 성령의 검을 제외한 나머지 다섯 가지는 방어무기들이다. 쏟아지는 사탄의 불화살을 막아내는 무기들이다. 그러나 언제까지 방어만 하고 있을 수는 없다. 공격이 최선의 방어라는 말도 있지 않은가? 우리는 직접적으로 사탄을 공격할 수 있는 무기를 갖고 있으니 그것이 바로 "성령의 검"이다. 공격무기는 단 한 가지 "성령의 검"뿐이다.

그런데 성경은 이 "성령의 검"이 무엇을 뜻하는지 분명히 설명하고 있다. 그것은 바로 '하나님의 말씀'이다. 지혜로운 자들은 특별히 공격무기에 대해서만 구체적인 설명을 달아 놓으신 이유를 알 것이다. 그만큼 중요하고 강력한 것임을 우리가 알기를 바라신 것이다. 주님을 만군의 사령관으로 모시고 따라가는 주의 군사들은 이 강력한 무기를 원수를 향하여 사용해야 한다.

내가 군대에서 훈련 받을 때 내 총이 다른 훈련병의 총과 바뀌는 바람에 나가떨어질 정도로 얻어맞은 적이 있다. 당시에는 총 좀 바뀐 것 가지고 이렇게까지 얻어맞아야 하나 생각했지만 지금 돌아보면 더 맞았어야 했다. 얻어맞아 마땅하고, 또 죽도록 얻어맞는 것이 당연하다. 군인에게 있어서 총은 분신과 같은 것이다. 총이 없으면 전쟁에 나갈 수 없기 때문이다. 군대에서는 총이 가장 중요하고, 내 몸처럼 여겨야 할 것이 바로 총이다. 총이 없는 병사는 병사가 아니다. 민간인과 다를 바 없다.

마찬가지로 우리는 모두 주의 군사들이다. "나는 군사는 못하겠어요"라고 말할 수 없다. 주님을 믿기로 작정했을 때 이미 우리는 군사 모병서에 사인을 한 것이다. 믿음의 세계에 있어서 직업은 한 가지뿐이다. 바로 주의 군인, 이 한 가지뿐이다. 다른 직업은 없고, 우리 모두는 주님을 대장으로 모시는 군사들인 것이다.

따라서 주의 군사들은 반드시 검을 소지해야 한다. 검이 없는 군사는 군사가 아니며 그리스도인이 아니다. 이것을 분명히 알아야 한다. 우리는 현재 전쟁 중이다. 육적인 전쟁이 아닌 이 어둠의 세상 주관자들과 하늘에 있는 악의 영들에 대한 전쟁에 참가하고 있다. 이 전쟁에 있어서 중립 지대는 없다. 하나님 편에 서서 주의 군사가 되던지, 사탄의 편에 서서 마귀의 군사가 되는 것뿐이다.

당신은 하나님 편에 서있는가? 그럼 그대는 주의 군사이다. 이제는 앞서 나가시는 주님을 따라 마귀와의 전쟁에 돌입해야 한다. 전쟁에 임하는데 방어무기만 가지고 나갈 수는 없다. 반드시 공격 무기인 검이 있어야 한다. 검이 없는 군사는 죽도록 맞아야 한다. 이런 이는 그 삶이 형통할 리가 없다. 그 검은 "성령의 검"이며 바로 "하나님의 말씀"이다.

말씀이 가장 중요하다. 말씀을 두 손으로 움켜쥔 자만이 하나님의 군사이며, 이로서 마귀를 공격하여 물리칠 수 있고, 승리의 찬란한 기쁨을 맛볼 수 있다. 주님의 깃발 아래서 승리의 함성을 외칠 수 있다.

지금 당신의 삶은 어떤가? 승리에 환희에 휩싸여 있는가? 아니면 패배의 쓰디 쓴 잔을 마시고 있는가? 실패 가운데 있다면 그것은 싸워 승리할 수 있는 검, 곧 하나님의 말씀이 없기 때문이다. 주저앉아 있지 말고 빨리 말씀의 검을 집어 들라. 우리에게는 대제사장이시며 마귀와의 전쟁을 이끄시는 대장군 주님이 계시다. 주님께서는 항상 승리하신다. 그 주님을 따르는 우리도 항상 승리가 보장되어 있다. 단지 검을 집어 들면 된다.

당신은 지금 넘어졌는가? 그렇다면 검을 짚고 다시 일어서라. 몇 번을 넘어지더라도 다시 말씀의 검을 짚고 일어서면 되는 것이다. 우리는 연약한 존재이다. 사탄의 유혹에 수 없이 휘둘린다. 그러나 절망하지 마라. 우리에게는 하나님의 말씀이 있다. 그 말씀을 붙잡으면 우리는 강하고 담대한 존재가 된다. 오히려 우리의 연약함이 우리를 강한 존재로 만든다. 연약하기에 말씀을 붙잡게 되며 그것으로 강하게 된다. 연약함이 우리의 무기란 말이다.

사탄은 그것을 모른다. 사탄은 역설을 모른다. 그래서 예수님께서 십자가에 달리실 때 사탄은 그렇게도 좋아한 것이다. 그 십자가가 자기의 머리를 내리칠 것을 몰랐던 것이다. 우리는 하나님께서 역설적으로 역사하실 것을 알아야 한다. 말씀에는 이런 역설이 많다. 그러니 말씀의 검을 붙잡으라. 온 힘을 다하여 그 검을 붙잡고 있으라.

우리는 하나님의 말씀을 굳게 붙잡고 있어야 한다. 그리고 우리를 죽음으로 몰아가는 사탄을 향해 그 검을 휘두르고, 마귀의 모든 유혹을 말씀의 검으로 잘라버려야 한다. 그러면 승리가 우리에게 보장되어 있다.

말씀이 왜 중요한가? 사탄을 물리치고 우리의 삶과 영혼에 승리를 안겨주기 때문이다. 승리하고 싶은가? 이제 말씀의 검을 집어 들라. 그것을 굳게 붙잡으라. 승리는 당신의 것이다.

말씀으로 우리의 삶을 뒤덮으라

보라 네 친족 엘리사벳도 늙어서 아들을 배었느니라 본래 임신하지 못한다고 알려진 이가 이미 여섯 달이 되었나니 대저 하나님의 모든 말씀은 능하지 못하심이 없느니라(누가복음).

말씀이 왜 중요한가? 쉽게 말해 성경읽기가 왜 중요한가? 모든 것이 말씀으로부터 나왔고, 그 말씀에는 전능한 능력이 있기 때문이다. 이것을 반드시 기억해야 한다.

성경 말씀과 동일한 가치를 가지고 있는 것은 없다. 성경은 최고의 가치가 있다. 말씀으로 세상이 창조되었다는 것을 가장 잘 알고 있으면서도 가장 잘 잊어버리는 사람들이 교인들이다. 말씀에 목숨 걸지 않는 성도들은 모두가 이것을 잊어버린 사람들이다.

내가 다니는 도서관 옆에는 석인 정태진 선생의 생가가 기념관이라는 이름으로 복원되어 있다. 정태진 선생을 아는가? 이름도 못 들어 본 사람들이 많을 것이다. 한글학자였고 독립운동가로 우리역사에 중요한 인물이었지만 그 생가를 찾는 사람들은 거의 없다. 일단 정태진 선생이 누군지 알고, 중요한 인물이라는 생각은 있지만, 굳이 들러보지 않아도 사는데 지장이 없을 것 같기 때문이다. 우선순위에서 밀리는 것이다.

하나님의 말씀도 마찬가지다. 굳이 성경책을 펴서 읽지 않아도 사는 것에 지장이 없는 것 같다. 전체적인 맥락을 이해하지 않아도 설교를 듣는 것에 전혀 지장이 없는 것 같기 때문이다. 나도 그랬으니까... 그러나 그렇지 않다. 우선 말씀의 중요성을 성경에서 찾아보자.

오늘 내가 네게 명하는 이 말씀을 너는 마음에 새기고 네 자녀에게 부지런히 가르치며 집에 앉았을 때에든지 길을 갈 때에든지 누워 있을 때에든지 일어날 때에든지 이 말씀을 강론할 것이며 너는 또 그것을 네 손목에 매어 기호를 삼으며 네 미간에 붙여 표로 삼고 또 네 집 문설주와 바깥문에 기록할지니라(신명기).

당신은 이렇게 하고 있는가? 아니라면 왜 안하는가? 말씀대로 살겠다면서 왜 안하는가? 나는 목회를 하면서 부모는 신앙생활을 열심히 하는 것 같은데 자녀가 신앙을 등한시 하는 것을 수 없이 보아왔다. 겉으로는 신앙이 좋은 것

같지만 실은 자녀에게 부지런히 말씀을 가르치지 않는 것이다. 따라서 부모는 신앙이 좋고 자녀는 신앙이 안 좋은 것이 아니라, 부모도 신앙이 안 좋고 그 부모를 닮은 자녀도 당연히 신앙이 안 좋은 것이다.

위의 신명기 말씀에서 하나님은 몇 퍼센트를 원하시는 것 같은가? 말씀을 마음에 새기고 자녀에게 부지런히 가르치며, 집에 앉았을 때에든지 길을 갈 때에든지 누워 있을 때에든지 일어날 때에든지 말씀을 강론하며, 또 손목에 매어 기호를 삼으며 미간에 붙여 표로 삼고 또 집 문설주와 바깥문에 기록하라는 것은 우리의 모든 생활을 일컬어 가리키는 것이다. 물론 우리가 유대인처럼 실제로 이마와 손목에 말씀을 묶을 필요는 없지만, 우리의 삶 전체가 말씀으로 뒤덮여야함을 신명기의 다른 곳에서 한 번 더 말씀하시고 있다. 그만큼 중요하기 때문에 반복해서 말씀하시는 것이다. 하나님은 동일한 말씀으로 그것을 한 번 더 기록하신 후에 이렇게 말씀하시고 있다.

> 여호와께서 너희 조상들에게 주리라고 맹세하신 땅에서 너희의 날과 너희의 자녀의 날이 많아서 하늘이 땅을 덮는 날과 같으리라 너희가 만일 내가 너희에게 명하는 이 모든 명령을 잘 지켜 행하여 너희의 하나님 여호와를 사랑하고 그의 모든 도를 행하여 그에게 의지하면 여호와께

서 그 모든 나라 백성을 너희 앞에서 다 쫓아내실 것이라 너희가 너희보다 강대한 나라들을 차지할 것인즉 너희의 발바닥으로 밟는 곳은 다 너희의 소유가 되리니 너희의 경계는 곧 광야에서부터 레바논까지와 유브라데 강에서부터 서해까지라 너희의 하나님 여호와께서 너희에게 말씀하신 대로 너희가 밟는 모든 땅 사람들에게 너희를 두려워하고 무서워하게 하시리니 너희를 능히 당할 사람이 없으리라(신명기).

말씀으로 우리 삶을 뒤덮으면 하나님께서 상상할 수 없는 복으로 우리를 뒤덮으신다. 하나님은 우리가 가는 곳마다 말씀을 붙잡으면 그때마다 복을 주시겠다고 약속하셨다. 우리와 달리 하나님께서는 약속을 반드시 지키시는 분이시다. 그게 아니라면 하나님을 믿을 필요가 없을 것이다. 당신은 하나님의 약속이 당신의 삶에서 이루어지기를 바라는가? 그렇다면 말씀의 중요성을 깨닫고 그것을 삶에 중심에 두어야 한다. 다른 말씀을 살펴보자.

태초에 말씀이 계시니라 이 말씀이 하나님과 함께 계셨으니 이 말씀은 곧 하나님이시니라(요한복음).

요한복음의 첫 절이다. 맨 처음 기록은 가장 중요한 것일 가능성이 있다. 말씀이 하나님으로 창조에 함께 하셨다. "태초부터 말씀이 계셨다"라는 말은 중요하고, "이 말씀이 하나님과 함께 계셨다"는 말은 더더욱 중요하다. 그리고 "그 말씀이 하나님이시라"는 것은 가장 중요하다. 우리가 말씀을 읽으면 그것은 하나님을 읽는 것이다. 그러니어찌 가장 중요한 일이 아니겠는가? 하나님을 아는 것보다더 중요한 일이 있으면 말하여보라. 중요한 것이 아니라 가장 중요한 것임을 기억하라. 그래야 성경이 읽어지기 시작한다.

뉴스에서 미국의 허리케인에 관한 소식을 듣곤 한다. 초토화 된 마을의 모습이 방영된다. 허리케인이 몰려올 때당신은 어떻게 할 것인가? 집이나 소가 날아가는 상황에서어떻게 해야 살아남을 수 있겠는가? 허리케인보다 빨리 도망간다면 좋겠지만, 그럴 수 없을 때 가장 좋은 방법은 허리케인에도 버틸 수 있는 어떤 것에 나를 단단히 묶어두는것이다.

여호와여 주의 말씀은 영원히 하늘에 굳게 섰사오며(시편).

우리에게는 말씀이라는 굳게 서있는 기둥이 있다. 세상의 허리케인이 불 때, 우리는 절대 날아가지 않고 영원한반석 위에 서있는 말씀에 우리를 단단히 묶어두어야 한다. 그래야 살 수 있다. 영원히 우리를 지켜줄 것은 말씀뿐이다.

> 말씀을 멸시하는 자는 자기에게 패망을 이루고 계명을 두
> 려워하는 자는 상을 받느니라(잠언).

여기서 말씀과 계명은 같은 뜻이다. 말씀을 멸시한다는 것은 성경을 발로 밟거나 낮잠 잘 때 베게로 사용하거나 성경두께만큼의 먼지로 덮어놓은 것을 말하는 것이 아니라, 성경이 당신의 삶에서 100%의 위상을 차지하고 있느냐를 말하는 것이다. 하나님 앞에서는 100%가 아닌 것은 0%이다. "형제를 미워하는 자는 살인한 자"(요한1서)라 하시지 않았던가! 미워하는 것과 살인하는 것은 상당한 차이가 있는 것으로 우리는 생각하지만 하나님 앞에서는 이 둘이 같은 것이다. 오직 성경을 삶의 기준으로 설정하지 아니하면, 그것 자체가 성경에 대한 멸시이고, 하나님의 말씀에 대한 멸시다. 우리의 삶은 말씀이 100%가 되어야 한다. 이것이 예수님의 피로 구원받은 모든 그리스도인들이 두 손으로 받들어야 하는 원칙 중에 원칙이다. 이것이 계명을 두려워하는 자들의 자세이며, 이런 태도를 가진 이들은 하나님께로부터 큰상을 받을 것이다.

당장은 말씀을 안 읽어도 될 것 같지만, 그럴 경우 패망이 다가오고 있음을 알아야 한다. 태초에 계신 말씀이 하나

님이시며, 그 말씀은 영원히 하늘에 굳게 서 계신다. 우리
는 성경을 최고의 존엄으로 여기며 이해하기 위해 노력해
야 한다.

이런 생각과 자세가 성경을 읽게 만든다. 성경을 이해하
게 만든다. 성경읽기가 지루하며 형식적인 일에 그치고 있
다면 이런 믿음의 부재에 그 원인이 있음을 알라. 말씀이
중요하다고 알고 있는 것만으로는 부족하다. 안다는 것은
행동을 수반한다. 행동이 없는 앎은 모르는 것과 같다. 성
경을 잘 읽고 싶은가? 위에 말한 믿음을 되새김질해 내 것
으로 소화하라. 그저 성경을 읽어야 한다는 것만 가지고는
안 된다. 성경이 내가 온 힘을 다해 달려갈 삶의 지표가 되
게 해야 한다. 0순위가 되게 해야 한다.

우리는 어떻게 말씀이 우리의 삶에 0순위가 되게 할 수
있을까? 위에 열거한 말씀들을 반복적으로 묵상하며 그 말
씀을 붙잡고 0순위가 될 수 있도록 기도하는 방법뿐이다.
그러면 성실하신 하나님께서 기도를 반드시 들어 주신다.
그러다가 어떤 말씀이 아침에 첫 묵상구절이 된다면, 그것
이 내 머리를 떠나지 않고 하루를 지배하는 말씀이 된다
면, 성경은 읽어지기 시작한다.

7장

자신의 성경읽기 수준을 알라

　당신은 성경을 열심히 이해하며 읽고 있는가? 앞의 통계에서 살펴본 우리나라 성도들의 부진한 열독율과는 대조적으로 많은 성도들이 자기가 성경을 열심히 읽고 있다고 생각하는 것은 우리가 얼마나 사탄의 속임수에 넘어 갔는가를 보여준다. 여기서는 몇 가지 간단한 문제를 통해 자신이 정말 성경을 잘 읽고 이해하고 있는지를 알아봄으로써 사탄의 세뇌에서 벗어나자.

　나는 정말 열심히 성경을 읽고 있는가? 나는 내가 생각하는 것만큼 성경을 읽고 이해하고 있을까? '성경읽기 모의고사' 성적을 보면 알 수 있을 것이다. 문제는 아주 쉽다.

〈성경읽기 모의고사〉

범 위 : 창세기

형 식 : 주관식

　　　(단, 연도나 숫자 같은 것을 외워서 쓰는 문제는 없음)

점 수 : 1문제당 10점

문 제 : 10문제

난이도 : 하

1. 말씀이 중요한 이유를 창세기에서 도출하라.

2. 하나님께서 해와 달과 별, 동물, 육지와 바다를 만드신 이유는 무엇인가?

3. 창세기의 뼈대를 쓰라.

4. 노아 이야기 앞에 아담의 족보를 기록한 이유는 무엇인가?

5. 창조시대와 족장시대를 구분하라.

6. 셈의 족보가 기록되어 있는 이유는 무엇인가?

7. 네 명의 족장 이름을 쓰라.

8. 라헬이 베노니라 이름 지은 아이를 야곱이 베냐민이라 부른 이유는 무엇인가?

9. 사람들이 비로소 여호와의 이름을 불렀던 때는 언제인가?

10. 요셉의 사명은 무엇인가?

정답

1. 하나님께서는 말씀으로 모든 것을 창조하심

2. 인간에게 주시기 위해서

3. 창조-아브라함-이삭-야곱-요셉

4. 노아의 출생을 소개하기 위함

5. 아브라함의 등장

6. 아브라함의 뿌리

7. 아브라함, 이삭, 야곱, 요셉

8. 라헬의 죽음을 되새기고 싶지 않아서

9. 셋이 에노스를 낳았을 때

10. 민족의 구원

60점 이하는 성경의 다독여부를 떠나 전반적인 내용을 이해하지 못하고 있음을 나타낸다. 성경의 무(無) 이해는 은혜 받음을 저해한다. 내용 이해도 하지 못하면서 성경을 열심히 읽고 있다고 생각하는 것은 사탄에게 속은 것일 수 있다. 결코 하나님께는 인정받을 수 없는 일이다.

본인의 성경 읽기 수준을 깨닫기를 바란다. 모든 것은 자신의 상태를 정확히 이해하는데서 출발한다. 거기서부터 치유가 시작되기 때문이다. 이제 진짜 성경을 열심히 읽는 사람이 되어보자.

8장

우리나라 성경의 역사

성경의 전래

한국 최초 성경전래기념관의 설명에 따르면 1816년 9월 5일에 우리나라에 처음으로 성경이 들어왔다. 당시 영국함대가 서해안 일대의 해도 작성을 하던 중 마량진에 정박하였는데, 알세스트호의 함장 맥스웰은 첨사 조대복에게 성경을 전달했다. 이때 조대복이 받은 성경은 1611년(초판) 킹제임스판이었다.

믿음 안에서 우연이란 없다. 성경 역시 우리나라에 우연히 들어온 것이 아니다. 맥스웰이 조대복에게 우연히 성경을 전달한 것처럼 보여도 그것은 하나님의 아름다운 계획하에서 이루어진 일이다. 비록 알 수 없는 문자로 기록된 말씀이었지만 말씀의 능력은 성경이 조대복의 손에 쥐어지기 시작한 그 순간부터 나타나기 시작했다. 드디어 우리나라에도 그리스도인이 탄생했고, 교회가 세워질 기초가 다져지기 시작한 것이다.

우리가 잘 아는 토마스 선교사의 이야기도 눈여겨 볼만하다. 1866년 9월 '제너럴셔먼호 사건'으로 평양 근처의 대동강변에서 27살의 나이로 순교한 토마스 선교사는 순교하기 직전 자신을 죽이려는 박춘권에게 성경을 주었고, 군중 속에 있던 12살의 최치량은 성경 3권을 가져갔다. 평양 영무주사 박영식은 이 성경을 건네받았고, 박영식은 아무런 생각 없이 성경을 도배지로 발랐고, 자연스럽게 이것을 매일 보다가 최치량과 박영식은 모두 성도가 되었다. 결국 박영식의 집은 평안도 최초의 교회인 "평양 널다리골 교회"가 되었다. 이 교회는 장대재 교회로 이름이 바뀐 후 훗날 장대현 교회가 되었다. 바로 이 장대현교회에서 열린 사경회에서 1907년 평양 대부흥이 시작되었고, 이 장대현교

회에서 분리된 교회중 하나가 산정현 교회인데, 순교자 주
기철 목사가 이 산정현 교회에서 시무하였다(김형태 한남대
총장 칼럼 『성경의 능력』).

27살이라는 나이는 죽기에는 너무 아까운 때이다. 이제
막 삶이 꽃피우기 시작할 나이에 토마스 선교사는 순교했
다. 세상적으로 보면 아무 한 일이 없이 떠나간 허무한 죽
음으로 보일 수도 있다. 그러나 그것은 그 어느 것보다도
위대한 죽음이었으며, 조선이라는 한 나라에 복음의 꽃을
피우게 한 숭고한 삶이었다. 이것은 오직 말씀이라는 전능
한 능력이 역사하였기에 가능한 일이었다. 분명하게 알자.
이는 다른 어떤 것이 아니라 바로 하나님의 말씀, 오직 그
하나로 빚어진 결과이다.

성경의 번역

대한성서공회에 따르면 성서 66권 가운데서 낱권들이
우리말로 번역되어 나오기 시작한 것은 1882년부터였다.
이때에 로스 목사를 중심으로 매킨타이어(John Macintyre),
이응찬(李應贊), 백홍준(白鴻俊), 서상륜(徐相崙), 이성하(李成
夏) 등이 누가복음과 요한복음을 각각 개별 낱권으로 번역
해서 출판했다.

1882년부터 1911년까지는 "신약 낱권 번역시대"라고 특징지을 수 있을 것이다. 이 시기에 신약 27권이 낱권으로, 또는 몇몇 낱권의 합본으로 출판되었기 때문이다. 1887년에는 우리말로 번역된 최초의 완역 신약 「예수성교젼셔」가 나왔다.

로스 번역팀의 번역 외에도, 이수정(李樹廷)의 낱권 번역도 괄목할 만하다. 로스역과 이수정역이 중국과 일본에서 이루어진데 반하여, 국내에서도 낱권 번역이 나오기 시작했다. 상설성경실행위원회(常設聖經實行委員會, The Permanent Executive Bible Committee) 산하 성경번역자회 (聖經飜譯者會, The Board of Official Translators)에서 번역한 것들이다. 1900년에는 드디어 「신약젼셔」 완역본이 나왔다.

이 성경이 나오기 전까지 신약의 경우는 거의 모든 책들이 먼저 낱권으로 출판되었다. 스코틀랜드성서공회의 후원을 받은 로스역 번역진의 번역이나, 우리나라에 와 있던 영국성서공회와 미국성서공회의 공인 번역 역시 신약의 경우, 낱권 번역이 완료되는 대로 출판되었다.

구약의 경우에도 낱권 출판을 볼 수 있다. 하지만 구약의 경우는 39권의 개별 출판보다는 39권 합본 구약전서 출판을 우선적으로 고려한 것 같다. 1911년에 「구약젼셔」
가 나왔다.

1882년부터 1911년까지를 "성서중역(重譯)시대"라고도
말할 수 있다. 여기서 중역이라 함은 성서를 원문에서 직
접 번역하지 아니하고, 다른 번역에서 재차 번역하는 것을
일컫는다. 우리말 성서가 번역되어 나오던 초창기에는 피
득(彼得 A. A. Peters)씨와 같은 러시아 태생의 유대인, 그리
고 성서언어에 해박한 지식을 가지고 있던 게일(S. Gale)씨
와 같은 이들이 번역 위원으로 활약하고 있어서 히브리어
원문을 다룰 수 있는 이들이 없지는 않았으나, 우리말 구
약전서는 전반적으로 1901년에 미국에서 나온 「미국표준
역」(American Standard Version)을 기초 본문으로 삼았고
그밖에 주로 한문 성서를 참고한 중역의 흔적이 짙다(대한
성서공회-성서가 우리에게 오기까지를 요약함).

성경은 호박이 굴러 들어오듯 거저 얻어지는 것이 아니
다. 원어인 히브리어와 헬라어를 각 국의 언어로 번역한 사
람들이 있었고, 우리나라와 같은 경우는 중국어나 영어로
된 성경을 낱권부터 시작해서 완역본에 이르기까지 각고
의 노력으로 번역한 여러 명의 인물들이 있었기에 가능했
다. 지금은 정말 성경이 굴러다닌다고 할 정도로 흔해졌다.

그래서 그 가치가 땅에 떨어진 것처럼 보이지만 사실 지금 우리가 보고 있는 성경에는 영적인 가치 이외에도 수많은 사람들의 피와 땀이 묻어 있는 놀라운 가치를 지니고 있다. 이런 성경을 우리는 지금 어떻게 대하고 있는가? 과연 우리는 성경을 어떻게 대해야 그 가치에 맞겠는가?

성경이 우리나라에 처음 들어오던 때를 다시금 떠올려 보자. 우리나라의 교회는 말씀으로 시작되었다. 그 후 기독교라는 이름을 들어본 적도 없는 사람들이 성도가 되고, 그들이 살던 집이 교회가 되었는데, 이 모든 변화의 역사는 하나님의 말씀으로부터 비롯됐다. 그 변화가 계속되면서 오늘의 우리가 있게 된 것이다.

성경의 역사는 교회의 역사라고 할 만큼 교회의 중심에는 늘 말씀이 있어왔다. 그 교회를 이루었던 성도들의 마음에 말씀이 자리 잡았고, 그 말씀은 그들을 진정한 성도로 만들어주었다. 그만큼 말씀은 신앙의 중심이었고 능력이었다.

말씀에는 놀라운 능력이 들어있다. 이 말씀이 하나님의 방법이다. 선교사들은 죽음이 기다리고 있는 이 땅에 왜 온 것일까? 교회를 세우기 위함이라고 생각한다면 오산이다. 선교사들은 교인을 모으기 위함이 아니라, 오직 말씀을 전하기 위해서 이 나라에 왔다. 그래서 죽어가면서도 말씀만을 전달했다.

책 한권을 전하기 위해 죽는 사람은 없다. 설사 전한다 해도 그 책이 사람을 구원할 수는 없지만, 성경은 다르다. 말 한마디 못한 채 손에 쥐어만 줘도 능력이 나타난다. 인생을 바꾸고 영혼을 구원한다.

성경이 번역되어 더 많은 사람이 말씀을 접할수록 부흥도 더해만 갔다. 당시 사경회에는 먼 거리에서 오는 성도들이 쌀을 짊어지고 와서 며칠씩 말씀을 공부했다. 오늘날 사경회가 점점 축소되어 가고 있는 것과는 대조를 이룬다. 겨자씨 한 알 같았던 그 책(말씀)이 학교를 세우고 병원을 세워 조선을 발전시키고 수많은 사람들을 구원에 이르게 했다.

대한민국 발전에 기독교가 상당부분 기여했음은 역사가 말해주고 있다. 기억하라! 우리는 지금 말씀위에 세워진 교회에서 신앙생활을 하고 있다. 말씀으로 발전한 나라에서 살아가고 있다. 이 사실을 잊어버릴 때 우리는 말씀으로부터 멀어지게 된다. 깨어나라 성도들이여!

제3부

올바른 성경읽기의 핵심 요소들

9장

성령의 조명을 받으라

　먼저 성경읽기에서 꼭 필요한 요소들을 살펴보자. 우리가 잘 아는 대로 성경은 하나님의 말씀이다. 따라서 하나님의 영이신 성령의 조명하심을 받지 못하면 그 깊으신 뜻을 알 수가 없다. 성령의 인도하심 가운데 성경을 읽어야 한다.

　그렇다면 어떻게 해야 성령의 조명하심을 받을 수 있을까? 역설적이게도 성경을 이해해야 성령 안에서 깨달음을 얻을 수 있다. 이게 도대체 말이야 막걸리냐? 그러나 신앙 안에는 이런 역설이 많다. 예를 들어 천국은 죽어서 가는 곳이기도 하지만 예수님께서는 우리 안에 천국이 있다고도 말씀하셨다. 그래서 신학용어 중에 "이미 그러나 아직"이라는 것이 있다. 천국은 이미 우리 안에 있지만 아직 천국에 이르지는 못했다. 따라서 이 땅에서 천국을 경험하며 살지 못하면 죽어서도 천국에 다다르지 못한다.

초신자의 눈높이에 맞춰 이야기하자면 앞에서 말한 바와 같이 성경에는 겉뜻(내용/줄거리)과 속뜻(성령의 조명)이 있다. 겉뜻을 이해하는 데 이성이 사용되어진다면(물론 이때도 성령께서 도우신다), 속뜻을 이해하는 데에는 성령의 조명하심이 더욱 필요하다는 것이다.

성령의 조명하심을 받지 못하면 성경 읽기는 어려운 정도가 아니라 하나님의 뜻을 전혀 헤아릴 수 없다. 그러나 성경의 겉뜻을 이해하지 않고는 성령의 조명하심을 받을 수가 없다. 성경의 내용을 이해하지 못하는데 어떻게 성령께서 조명하시겠는가? 그래서 성도는 반드시 하나님의 말씀인 성경을 이해하며 읽어야 한다. 성경을 이해하지 않고 성령 충만을 받기 원한다면, 그것은 이루어질 수 없는 영원한 바램으로만 남아있는, 백일몽이 된다.

하지만 이것은 필요한 곤란에 속한다. 반드시 거쳐야 되는 과정이다. 이미 성령의 조명하심 가운데 성경을 읽고 있는 성도는 하나님께 감사를 드리고, 아직 그렇지 못한 성도도 너무 어렵게 생각하지 말자. 성경을 이해하며 읽다보면 반드시 성령의 조명하심을 받게 되니까 말이다. 이에 대한 증거들은 너무나도 많다. 성경을 비판하기 위해서 성경을 연구하던 자들이 하나님의 사람들이 되었다는 사례는 수도 없이 많다.

우리가 잘 아는 영적 부흥 운동의 선구자 찰스 피니(1792-1875)는 사회적으로 성공했으나 기독교 신앙에 회의를 느끼던 사람이었다. '만약 피니가 예수를 믿는다면 나도 믿겠소'라고 말한 사람이 있을 정도였다. 목사와 논쟁을 했으며 교회 청년회에서 기도를 해주겠다고 하면 한 번도 기도 응답이 되는 것을 보지 못했다고 비꼬곤 했다. 목사는 피니를 가까이하지 말라고 경고해야 했다. 마을의 많은 젊은이들이 이 오만한 변호사 뒤에 서서 하나님에 대해 회의적인 태도를 품었다. 그러나 피니는 그가 즐겨 읽는 법률 서적들이 대부분 성경에 높은 권위를 두고 있음을 주의 깊게 보았다. 그리고 모세의 율법이나 성서적 인용문들이 자주 나왔으므로 가끔 성경을 찾아볼 필요가 있었다. 피니는 자신의 학문적 발전을 위하여 그리고 목사님을 앞서기 위하여 성경을 체계적으로 연구하기로 결심했다. 성경을 읽어 나가면서 피니는 자기가 알고 있는 종교적인 사람들 사이에서 보이는 모순이 결코 성경 때문이 아님을 확신하게 되었다. 그는 성경이 명백한 하나님의 진리임을 인정하지 않을 수 없었다(『찰스 피니의 자서전』, 헬렌 웨셀, 생명의말씀사).

성경을 이해하며 읽으면 반드시 성령의 조명하심이 있게 된다. 이는 비판적인 사람조차도 변화하게 만든다. 그러니 믿음으로 읽는 사람들에게는 얼마나 큰 역사가 있겠는가?

다시 한 번 간단히 표현해 보자.

성경을 이성적으로 내용 이해를 하며 읽기->

성령의 조명-> 풍성한 은혜

10장

이성을 사용하여 읽으라

우리가 먼저 해야 할 일은 성경을 이성을 통해 이해하며 읽는 것이다. 많은 성도들이 무작정 성경을 읽는다. 이해하지 못했으면서, 줄거리도 알지 못하면서, 그저 몇 장 읽었는지, 몇 번 읽었는지만 중요시한다.

머리는 멋으로 달고 다니라고 있는 것이 아니다. 하나님께서 우리에게 이성을 괜히 주신 것이 아니다. 감리교의 창시자 웨슬리 목사의 네 가지 신학적 기둥이 있다. 그것은 '성경, 이성, 전통, 체험'이다. 그만큼 신앙에 있어서 이성은 중요하다. 그 이성을 사용하라. 그러면 성령의 조명하심이 비춰지면서 더 깊은 하나님의 뜻을 알게 된다. 당연히 우리가 그렇게 원했던 그 충만한 하나님의 은혜가 임한다.

성경을 억지로 읽지 말라. 성경을 이해하지 못한 채 주문(呪文)처럼 읽지 말라. 이해하지 못하면 주문이 된다. 성경은 주문이 아니다. 하나님께서는 우리에게 이성을 주셨고, 그 이성을 사용하여 배우며 이해하게 하셨다. 일단 성경의 내용을 이해하라. 창조가 어떻게 이루어졌는지, 족장들은 어떻게 신앙의 삶을 살았는지 이해하라. 그래야 성령이 역사하신다. 만약 이렇게 하는 것이 어렵더라도 이것은 반드시 거쳐야할 필요한 곤란이기에 건너뛸 수 없다. 성경을 이해하며 읽는 것을 통해 성령의 조명하심을 받을 수 있다.

이해하며 성경을 읽는 것이 필요한 이유를 덧붙이자면 그것이 하나님의 섭리적 방법이기 때문이다. 우리는 하나님께서 세상을 치리하시는 방법을 알아야 한다. 그래야 우리의 삶도 정확하게 파악이 된다.

이스라엘 백성이 광야 생활에 접어들었을 때 하나님께서는 장막을 만들라고 명하신다. 하나님께서 더 잘 만들어주실 수도 있었다. 인간이 상상할 수 없을 정도로 말이다. 그러나 그것은 하나님의 방법이 아니다. 하나님께서는 언제나 인간과 동역하시는 것을 즐거워하신다. 장막 역시 하나님께서 인간에게 방법을 알려주시고, 그것을 만들도록 하셨다. 하나님은 출애굽기에서 다음과 같이 말씀하셨다.

너는 성막을 만들되 가늘게 꼰 베실과 청색 자색 홍색 실로 그룹을 정교하게 수놓은 열 폭의 휘장을 만들지니.

너는 무릇 마음에 지혜 있는 모든 자 곧 내가 지혜로운 영으로 채운 자들에게 말하여 아론의 옷을 지어 그를 거룩하게 하여 내게 제사장 직분을 행하게 하라.

내가 유다 지파 훌의 손자요 우리의 아들인 브살렐을 지명하여 부르고 하나님의 영을 그에게 충만하게 하여 지혜와 총명과 지식과 여러 가지 재주로 정교한 일을 연구하여 금과 은과 놋으로 만들게 하며 보석을 깎아 물리며 여러 가지 기술로 나무를 새겨 만들게 하리라 내가 또 단 지파 아히사막의 아들 오홀리압을 세워 그와 함께 하게 하며 지혜로운 마음이 있는 모든 자에게 내가 지혜를 주어 그들이 내가 네게 명령한 것을 다 만들게 할지니 곧 회막과 증거궤와 그 위의 속죄소와 회막의 모든 기구와 상과 그 기구와 순금 등잔대와 그 모든 기구와 분향단과 번제단과 그 모든 기구와 물두멍과 그 받침과 제사직을 행할 때에 입는 정교하게 짠 의복 곧 제사장 아론의 성의와 그의 아들들의 옷과 관유와 성소의 향기로운 향이라 무릇 내가 네게 명령한 대로 그들이 만들지니라.

하나님은 여러 사람에게 지혜와 능력을 주셨고, 그 은사를 받은 기술자들이 장막을 만들어 갔다. 이 장막을 통해 많은 백성이 하나님의 임재를 체험하고, 제사를 드리며, 광야 생활을 이겨나갔다. 이것은 일례일 뿐 인간의 모든 역사는 그렇게 이어져 왔다.

달란트 비유도 마찬가지이다. 하나님은 인간에게 이런저런 은사를 주셨다. 하나님은 인간이 이 은사를 사용해서 아름다운 결과를 만들기를 바라신다. 이 비유에서 주인은 종들이 남긴 달란트로 부를 축적하려는 의도가 없었다. 오직 종들이 주어진 달란트를 사용해 사명을 감당하기를 바랐다. 주인의 뜻대로 달란트를 사용한 종들은 더 큰 복을 받았고 그냥 땅에 묻어두었던 종은 가지고 있던 것도 빼앗기고 바깥 어두운 곳으로 쫓겨나 이를 갈며 슬피 울었다. 우리는 하나님이 우리에게 주신 이성을 사용해야 한다.

우리는 한강을 건너고자 할 때 기도로 강을 가를 수는 없다. 인간은 하나님이 주신 능력을 사용해서 다리를 만들었고, 우리는 그 다리를 이용해 날마다 기적을 체험하며 건너고 있다. 모세도 홍해를 가르기 전 수없이 하나님의 말씀을 들었고, 의심도 해봤다. 그리고 그 말씀이 쌓이고 쌓여서 마침내 기적을 경험하게 됐다. 하나님의 방법이 이럴진대 성경을 읽을 때 막무가내로 읽는다는 것은 있을 수 없는 일이다. 그럴 거였으면 성경을 기록하게도 안하셨을 것이다. 태어날 때 머리에 입력시켜 보내시면 그뿐이었다.

그러나 우리는 지금 하나님의 방법을 무시하고 저절로 성경이 머리에 입력될 것처럼 그렇게 성경을 대하고 있다. "어찌 어찌 입력이 되겠지. 성경을 읽을 때 이성이나 기술은 필요 없어. 다리도 필요 없지. 기도로 강을 가르면 되니까." 이것은 하나님의 방법이 아니다.

우리가 성경을 읽을 때 하나님은 우리에게 방해가 되는 불필요한 곤란을 제거할 지혜를 주셨다. 그 방법을 가르쳐주셨다. 성경의 기술자들은 하나님이 주신 능력으로 많은 백성이 성경을 이해하고 읽어나가게 해야 한다. 그것이 "왜 그래야 하는데?"의 대답이다.

그런데 성경의 내용을 성경 기술자로부터 배우는 것만으로는 부족하다. 내가 직접 읽어야 한다. 그렇게 해야 하는 것이 아니라면 하나님께서 한 사람 한 사람의 손에 성경을 쥐어 주시지는 않았을 것이다.

11장

성경은 차례대로 읽어야하는가?

이제부터는 제거해야할 불필요한 곤란들을 살펴보자.

우리는 일반적으로 성경이 역사적인 순서대로 배열되어 있을 것이라고 생각하지만, 역사적인 순서대로 흘러가지 않는 책들이 성경에 많이 끼여 있다. 따라서 무작정 성경을 읽으면 시간적인 순서가 끊기고 왔다 갔다 하여 혼란을 빚기도 한다. 우리는 성경을 역사의 흐름에 따라 읽지 않고 있기 때문에 성경 이해에 문제가 발생한다. 이 문제를 해결해보자.

당신은 아마도 창세기와 출애굽기는 많이 읽었을 것이

다. 그 부분만 새까맣게 되었다는 우스갯소리가 있을 정도니 말이다. 왜 그런가? 그 다음에 레위기가 떡하니 버티고 있기 때문이다. 레위기를 펼치는 손이 떨린다. 읽기가 두려워서다. 이해가 되지 않기에 두려운 것이다. 성경은 하나님의 말씀이기 때문에 반드시 순서대로 읽어야 한다고 믿는 사람들이 있지만, 그렇지 않다. 성경읽기 코치의 입장에서는 역사 순서대로 먼저 성경을 읽을 것을 권한다. 그래야 머릿속에 성경의 틀이 마련된다.

그럼 역사 순서대로란 무엇인가? 역사가 흘러가는 책들을 먼저 읽어서 성경의 뼈대를 먼저 세우라는 것이다. 우리가 찰흙으로 조형물을 만들거나 어떤 건물을 지을 때, 가장 먼저 하는 것은 그것의 뼈대를 세우는 것이다. 순서대로 한답시고 밑에서부터 마감 인테리어까지 하며 무작정 만들고 올라가면 당연히 무너지고 말 것이다. 성경의 이해도 뼈대를 먼저 세우지 않으면 레위기 공포증 같은 것이 생기고 마는 것이다. 레위기를 어찌어찌 읽었다 치더라도 신명기에서 또 막힌다. 룻기에서 헤맨다. 왜 그런가? 이 책들은 역사순서대로 흘러가는 책들이 아니기 때문이다. 레위기는 법전이고, 신명기는 모세의 고별설교이며, 룻기는 단편이야기다. 따라서 구약을 쉽게 이해하기 위해서는 이 세권의 책을 일단 그냥 넘어가야 한다.

구약의 역사를 알기 위한 책을 나열하면 다음과 같다.

창세기, 출애굽기, 민수기, 여호수아, 사사기, 사무엘, 열왕기, 역대기, 에스라, 느헤미야

여기까지 읽으면 구약 역사의 뼈대는 완성된다. 창세기는 역사가 출애굽기와 연결되며 출애굽기는 민수기와 연결된다. 민수기는 여호수아로 이어지며, 여호수아는 사사기로 이어진다. 사사기는 사무엘로 이어지고, 사무엘은 열왕기로 이어진다.

성경읽기의 초등과정에서 열왕기와 역대기를 구분하는 것은 큰 의미가 없다. 두 책이 겹치는 부분이 있지만 우리가 이 두 책을 다 읽어야 하는 이유는 사무엘과 열왕기가 연결되고 역대기와 에스라가 연결되기 때문이다. 뒤집어 말하면 열왕기에서 에스라로 바로 연결이 안 된다는 것이다. 그래서 에스라와 연결되는 역대기를 먼저 읽어야 한다. 특히 역대기의 마지막 2절과 에스라 처음 3절은 거의 같다. 에스라는 느헤미야와 연결된다.

사실 구약의 이스라엘 역사는 여기까지가 전부다. 나머지 책들은 뼈대가 아니고, 이 역사 기간 동안에 일어난 일들이다. 그래서 구약의 역사를 먼저 아는 것이 중요하다.

그런 후에라야 레위기 공포증 같은 것에서 벗어날 수 있는 것이다.

신약성경의 경우는 매우 간단하다. 복음서 중 한권을 택하여 읽고 사도행전을 읽으면 된다. 그러면 신약의 역사는 뼈대가 잡힌다. 나는 누가복음과 사도행전을 읽을 것을 추천한다. 둘 다 누가가 쓴 책이기 때문이다.

이렇게 하면 성경의 큰 틀이 머리에 그려질 것이다. 이제 앞으로 더 나가보자.

성경의 시대를 알아야 한다

많은 성경읽기에 관한 책에서 제시한 성경이해의 솔루션이 있다. 즉 성경의 시대를 알아야 한다는 것이다.

상상해보자. 나는 성경을 읽고 있다. 제법 많이 읽은 것 같다. 그러나 지금 읽고 있는 시점이 족장시대인지 왕조시대인지 알 수가 없다. 그것만 알아도 성경의 내용이 감이 잡힐 텐데 말이다. 이런 문제의식만 있어도 발전할 가능성이 있을 것이다. 그런데 대부분의 성도들이 이런 문제를 인식하지 못한 채 성경을 읽고 있다.

성경의 모든 내용이 한 시대에 들어가 있다. 삼손의 이야기, 다윗과 골리앗의 이야기 등등 모든 각각의 이야기들이 한 시대로 뭉쳐져 정작 하나님께서 그 이야기를 통해 주시는 지혜는 깨닫지 못한 채, 떡 파는 어머니를 잡아먹은 호랑이가 남매도 잡아먹으려한다는 "해와 달"이야기 같이 단편적인 이야기들의 동화처럼 머리에 남아있게 됐다.

"누가 여리고 성을 무너뜨렸는가?"라는 목사님의 질문에 "제가 안 그랬는데요. 저를 의심하시는 건가요?"라고 대답했던 아이, "그 아이가 안 그랬다면 안 그런 겁니다"라고 했던 교사, "그냥 교회 재정으로 보수해 주시죠"라고 했던 장로님, 이 모든 우스갯소리가 주는 교훈은 두 가지다. 첫째 누가 여리고성을 무너뜨렸는지 모른다는 것, 둘째 여리고성 이야기를 동화같이 단편적인 이야기로만 알고 있다는 것인데, 나는 후자가 더 큰 문제라고 지적하고 싶다. 노아홍수, 삼손, 다윗과 골리앗 이야기처럼 말이다. 각각의 이야기가 구약전체 시대에 있어서 어느 부분에 자리하고 있는지를 알지 못한다는 것이 가장 큰 문제다.

이런 이야기의 대부분을 우리는 주일학교에서 배웠다는 데 그 원인이 있을 수 있다. 사실 주일학교에서도 단편적인 이야기보다는 전반적인 내용을 가르칠 필요가 있다. 이것은 비단 주일학교만의 문제는 아니다. 성인들도 역시 설교를 통해 단편적인 이야기들로 성경을 두뇌에 저장한다는 것이다. 지금 읽고(듣고) 있는 성경이 구약과 신약의 어디에 위치하고 있는가를 알아야 제대로 이해할 수 있다. 우리나라의 역사를 생각해보면 이 말에 대한 이해가 쉬울 것이다.

구약은 일곱 시대로 구분할 수 있다. 더 많은 시대로 구분하는 경우도 있으나 우리는 어디까지나 초등과정에 있기 때문에 최대한 간략하게 구분했다.

창조시대—창세기

족장시대—창세기

모세시대—출애굽기, 민수기

정복시대—여호수아

사사시대—사사기

왕국시대—열왕기, 역대기

포로시대—에스라, 느헤미야

신약은 두 시대로 구분된다.

예수시대—사복음서

성령시대—사도행전

지금 읽고 있는 성경이 구약의 일곱 시대, 신약의 두 시대 중 어디에 해당하는지 알아야 이해가 되기 시작한다. 좀 더 자세히 들어가면 각각의 시대에 있어서도 그 내용이 어느 사건과 맞물리는지를 알아야 한다. 하지만 우리는 초등과정에 있으므로 그것은 생략하기로 한다.

그럼 시대를 간략하게 구분하면 다음과 같다. 하나님이 천지를 창조하시고 바벨탑까지 이어지는 이야기가 창조시대다(창세기). 아브라함으로 시작해서 이스라엘의 역사가 시작되고, 나머지 족장들(이삭, 야곱, 요셉)을 거쳐 가는 이야기가 족장시대다(창세기). 모세가 이스라엘 백성을 이끌고 출애굽해 광야생활을 하는 이야기가 모세시대이다(출애굽기, 민수기). 모세가 죽고 여호수아를 새로운 지도자로 해서 가나안땅을 정복해가는 이야기가 정복시대이고(여호수아), 사사들이 어려운 상황 때마다 일어나 이스라엘을 구원하는 이야기가 사사시대이다(사사기, 사무엘). 그 후 왕정국가가 되면서 왕들이 이스라엘을 치리하는 통일왕국시대와 분열왕국시대를 합쳐 왕국시대라 하며(열왕기, 역대기), 이스라엘이 멸망하여 포로로 잡혀갔던 이야기에서부터 귀환하여 다시 이스라엘을 세워 나가는 이야기까지가 포로시대이다(에스라, 느헤미야).

이렇게 알고 구약을 읽으면 뼈대가 세워지듯 구약의 역사가 이해되며 읽어지기 시작한다. 이렇게 기억하면 쉽다.

각 책이름의 맨 앞 글자를 따서 창.족.모.정.사.왕.포!라고 외우자.

신약 역사에 있어서 예수시대에는 마태복음, 마가복음, 누가복음, 요한복음이 속하고, 성령시대에는 사도행전이 속한다. 신약 역시 더 많이 나누기도 하지만 우리는 초등과정임을 기억하자. 예수시대는 이름 그대로 예수님께서 이 땅에 오셔서 하신 일과 십자가의 죽으심 그리고 부활과 승천이야기이며, 성령시대는 성령님께서 제자들과 교회에 역사하시는 이야기다. 이렇게 시대를 기억하며 역사순서대로 성경을 읽으면 "왜 앞에서 죽은 사람이 또 살아서 나오는 것이여?"와 같은 문제가 해결된다. 본서는 초등과정이므로 나머지 성경책들로 살을 붙이는 방법은 생략하기로 한다. 그것은 중등이상 과정의 다른 성경읽기에 관한 책들에 잘 나와 있다.

그렇다면 우리에게 이런 성경이 있으면 어떨까? "지금 읽고 있는 이 책은 포로시대야!" 하고 알려주는 성경 말이다. 당장 할 수 있는 방법은 지금 읽고 있는 성경 맨 위에 시대를 써 넣는 것이다. 시대가 쓰여 있는 성경이라면 말할 것도 없이 좋다.

12장

성경의 장과 절을 제거하라

장과 절은 원래 존재하지 않았다

성경의 장절(Chapters and Verses of Bible)은 처음부터 구분되어 있던 것은 아니다. 그럼 성경의 장(chapters)과 절(verses)은 언제 누가 나누었는가?

대한성서공회에 따르면 절 구분은 탈무드 시대부터 알려져 있었고, 장 구분이 숫자로 표기되기 시작한 것은 16세기경이다.

장 구분의 체계는 일찍이 스티븐 랭톤(Stephen Lengton 1150-1228)에서 시작되었고, 신약의 장절 구분은 1551년 에 제네바에서 나온 파리의 유명한 인쇄업자 스테파누스 (1503-1559)의 『그리스어 신약』 제 4판에서이다. 그것은 숫자로 절 구분이 되어 있는 최초의 그리스어 신약으로도 유명하다.

개신교 쪽에서 성경에 장절이 들어간 과정은 이렇다. 1535년에 올리베땅(Olivetan)으로 알려진 삐에르 로버트 (Pierre Robert)가 성경을 번역하였는데, 그것은 몇 차례 개 정을 거듭하였고, 1546년판을 낼 때에는 캘빈이 서문을 썼 다. 그러다가 1553년에 인쇄업자 스테파누스(여러 자료들이 Robert Stephanus나 Robert Estienne라고 소개하고 있는데 이는 같은 사람이다)가 이 번역을 제네바에서 출판할 때, 원문에 장절을 구분하여 넣었다.

'제네바성서'의 신약은 1557년에 나왔는데, 신구약전서 가 다 번역되어 나온 것은 1560년이다. 이것이 바로 로마 자로 인쇄되고 절 구분이 된 최초의 영어 성경전서인 '제네 바성서'의 초판이다.

우리가 기억해야할 한 가지는 성경 원본에는 장절 구분 이 없었다는 사실이다. 그래서 우리는 장과 절에 얽매일 필요가 없다. 장과 절은 공예배때 성도들이 찾기 쉽게 하기 위해서, 그리고 성서를 연구하는 학자들을 돕기 위해서 붙여졌다. 그것만이 장절의 장점인 것이다.

사건별로 읽자

장절의 장점에도 불구하고 초등과정에서는 장절을 제거하고 읽는 것이 좋다. 장절이 사건이 시작하는 곳과 끝나는 곳을 정확히 알려주고 있지 않기 때문이다. 어떤 부분은 사건이 끝나는 곳에서 장도 끝나지만, 또 어떤 곳은 사건이 미처 끝나지 않았는데도 장이 끝나고 만다. 그래서 성경을 장별로 읽으면 때로는 세수할 때 비누칠하고 물로 안 씻은 것과 같이 사건이 끝나지 않은 곳에서 읽기가 중단된다. 당연히 이해도도 떨어진다.

어떤 소설을 읽는다고 치자. 중간에 그만 읽어야지 할 때 대부분의 사람들은 지금 이야기가 끝나는 데까지만 읽어야겠다고 생각하지 무조건 덮어버리지 않는다. 이해도도 높이고 다음에 읽을 때 내용 연결이 수월하기 때문이다. 그냥 덮어버린 사람도 다음에 읽을 때에는 앞부분이 무슨 얘기였지 하며 앞의 몇 장을 살펴보기도 한다.

그런데 지금 우리의 성경읽기는 사건의 종결여부와 상

관없이 장이 끝나면 덮어버리고 다음에 읽을 때에도 앞부분을 살피는 경우는 거의 없다. 아이큐 150이상이 아니고서야 성경이 잘 이해될 리가 만무하다. 여기에서 우리가 3장이니 5장이니 하며 장수로 성경을 읽어서는 내용을 잘 이해할 수 없음을 알 수 있다.

절도 마찬가지이다. 한 절을 따로 떼어 내어 외운다든지, 앞뒤 맥락은 따지지 않고 한 절만 묵상한다든지 하면 하나님의 생각과는 다른 결과가 나올 수 있다. 대표적인 사례가 우리가 잘 아는 "네 시작은 미약하였으나 네 나중은 심히 창대하리라"는 욥기의 구절이다. 많이 인용되기도 하고 집집마다 액자로 걸려 있기도 하다. 그러나 이 구절은 하나님께서 하신 말씀이 아니다. 하나님께 책망을 들었던 욥의 친구 빌닷이 한 말로 욥의 상황에 맞는 말도 아니다. 성경을 절별로 읽을 때 나타날 수 있는 가장 대표적인 잘못에 해당한다.

어떤 책이 한 문장마다 구분되어 있다고 다시 상상해보자. 읽기가 매우 어려울 것이다. 우리는 성경의 이해가 먼저이기 때문에 과감히 장절을 제거하고 읽어보자. 그 말은 성경을 사건별로 읽자는 것이다. "오늘은 몇 장 읽어야지"가 아니라 "오늘은 이 사건을 읽어야지"하고 말이다.

이렇게 장절을 제거한 성경이 서점에 있긴 하다. 사건별로 읽을 때의 장점은 각 사건의 이해도가 높아지는 것뿐만 아니라 앞뒤 문맥을 파악할 수 있다는 것이다. 그래서 어떤 구절이 어떠한 배경 하에서 기록되었는지를 정확하게 파악할 수 있게 되어 바른 묵상으로 나아갈 수 있다. 정확한 묵상은 정확한 적용으로 이어진다. 하나님의 뜻을 명확히 알 수 있을뿐더러 그리스도인다운 삶을 살게 된다.

그러나 이것만 가지고 되는 것은 아니고 다음에 제거해야 할 어려움들도 모두 제거해야 한다. 더 나아가 보자.

13장

성경의 해설과 말, 문단, 문장부호를 구분하라

이 부분에서 먼저 문제점들을 열거하고 마지막에 해결책을 제시하겠다.

성경에는 해설과 말의 구분이 없다

성경에는 해설과 말이 있다. 사전적으로 내레이션(Narration)은 장면에 나타나지 않으면서도 장면의 진행에 따라 그 내용이나 줄거리를 장면 밖에서 해설하는 것을 의미한다. 다이얼로그(Dialogue)는 인물들 사이에 이루어지는 대화이고, 모놀로그(Monologue)는 독백 즉 혼잣말이다. 이 다이얼로그와 모놀로그를 합해서 말이라 일컫는다.

그런데 성경에는 해설과 말이 구분되어 있지 않고 모든 내용이 붙여 쓰여 있다. 당연히 이해도 쉽지 않다. 그저 죽 ~ 붙어 쓰여 있는 성경을 '몇 장 읽느냐'와 '몇 번 읽느냐'에만 신경 쓰다 보니 구분을 못해도 그냥 넘어가는 수가 많다. 혹여 신경 써서 구분해 읽는다 해도 에너지가 이만저만 소비되는 것이 아니다. 소위 빡세게 집중해서 읽어야만 하고, 거기에 에너지를 다 쏟아 붓게 되면, 짧은 시간 안에 지치게 된다.

그러나 사실 이렇게 초집중해서 읽는 성도들이 많지 않은 실정이다. 따라서 치밀하게 들여다보지 않으면 어디가 해설이고 어디가 말인지 구분을 못하고 읽어나갈 경우가 많다. 이런 식으로 해설과 말을 구분하지 못하면 내용이해가 안 되는 것은 당연하다. 이것이 성경읽기가 어려운 이유 중 하나이고, 불필요한 어려움에 속하는 것이다.

성경의 해설은 설명으로 받아들이고, 말은 어떤 인물의 의사표현으로 받아들여야 내용이 바로 이해된다. 그런데 글을 읽는 것에서 왕기초가 되는 이 장치가 성경읽기에서 작동하지 않는 경우가 많다. 본 책을 성경읽기의 초등과정이라 표현한 것도 바로 이 때문이다. 우리는 기초 없이 중고등 과정을 헤매며 저조한 성적표를 온 몸에 붙이고 다니지 말고 초등학교를 졸업하자. 성경을 읽어도 도대체 무슨 내용인지 머리에 들어오지 않고 그저 몇 장 읽었다는 것에 만족하게 되는 불상사가 발생하지 않게 하자는 것이다.

덧붙여, 그것이 말이라면 누가 하는 말인지, 누구와 대화하는 것인지 구분해야 한다. 즉, 등장인물을 파악하고 어떤 인물의 말인지를 알 수 있어야 한다. 이것이 분명하게 구분되어 있다면 성도는 특별한 노력 없이 해설과 말, 그리고 누가 하는 말인지 등을 파악하며 읽을 수 있을 것이다. 그러나 지금의 성경은 그 구분이 되어 있지 않으며 또 그것을 장절로 나누고 있다. 그래서 읽기가 어렵고, 이것이 불필요하다고 말하고 있는 것이다. 우리는 불필요한 어려움들을 제거해야만 한다. 그렇게 만들어진 성경만 있어도 지금 하는 수고의 상당부분을 줄일 수 있을 것이다.

문단이 나뉘어 있지 않다

문단이란 글에서 하나로 묶을 수 있는 짤막한 단위이다. 따라서 한 편의 글은 더 잘 이해할 수 있도록 내용별로 묶여진 여러 개의 문단이 모여 구성된다. 그러나 성경은 그 내용의 방대함을 하나의 책으로 엮다보니 문단을 나누지 않고 있다. 성경의 장은 한 장을 한 문단으로 보는 셈이 되고, 절은 한 문장마다 문단으로 나눈 셈이 되어 이해도를 심각하게 떨어뜨리고 있다.

먼저 직접 문단을 나눠보자. 장절을 신경 쓰지 말고 내용이 달라지는 곳에는 줄을 그어 문단을 나눈다. 이때 당신은 문단을 나누며 성경을 읽으면 이해도가 훨씬 높아지는 것을 경험할 것이다. 문단을 나누기 위해 내용을 더 유심히 들여다보게 되기도 하고 다음에 읽을 때에는 나누어진 문단 덕분에 내용이 쉽게 정리된다.

문장부호의 능력을 경험하라

문장부호란 문장 각 부분 사이에 표시하여 논리적 관계를 명시하거나 문장의 정확한 의미를 전달하기 위해 표기법의 보조수단으로 쓰이는 부호이다. (큰)따옴표("), 작은따옴표('), 마침표(.), 쉼표(,) 물음표(?), 느낌표(!) 등이 이에 해당한다. 성경에는 이 문장부호가 없는데, 성경에 문장부호가 있다고 상상해보자. 우리는 훨씬 수월하게 성경을 읽고 이해할 수 있을 것이다.

혼자서 성경을 읽을 때 다음 방법을 사용해보자. 가장

간단히 이 문제를 해결하는 방법은 문장부호를 사용해 해설과 대화를 구분하는 것이다. 눈에 보이도록 표시를 함으로써 해설과 말과 문단을 명확히 하는 것이다.

또 말이 나오면 시작과 끝에 따옴표(")를 붙여보자. 해설 부분은 그대로 놔둔다. 말하는 사람의 이름에는 밑줄을 긋거나 동그라미를 쳐보라. 해설과 대화가 명확히 구분되어지며, 누가 한 말인지 등장인물까지 분명하게 알 수 있다. 색깔 있는 펜으로 줄을 그어주면 더 좋다.

문장이 끝날 때에는 마침표(.)를 찍어준다. 사람 이름이나 다른 여러 가지 것이 나열되거나 두 문장을 한 문장으로 만들었거나 앞의 문장이나 단어를 뒷문장이 풀어주는 경우에는 그 사이에 쉼표(,)를 찍어 준다. 물어보는 문장(의문문)의 끝에는 물음표(?)를 붙여준다. 별것 아닌 방법치고는 이해도가 매우 높아지는 것을 경험할 것이다.

컴퓨터를 이용하면 쉽다

나도 이런 방법으로 성경을 읽기 시작하면서 여기까지 오게 됐다. 컴퓨터의 워드프로세서 프로그램으로 성경을 읽는다면 더욱 편하고 깔끔하게 고칠 수 있다.

여기서는 한글 프로그램을 사용하는 방법에 대해 간단히 서술하겠다. 인터넷에 보면 성경파일들이 올라와 있다. 그것을 한글프로그램으로 불러와 작업하면 된다. 먼저 '창, 출, 민, 수, 삿, 삼, 왕, 대, 스, 느'만 남기고 모두 삭제한다. 다음으로 장과 절을 삭제한다. 성경에는 숫자가 등장하지 않기 때문에 한글 프로그램의 찾아바꾸기 기능을 이용해서 숫자를 0부터 9까지 삭제하면 된다. 그럼 이제 성경에는 장절이 없이 모든 내용이 한 문단으로 되어 있을 것이다.

다음 작업은 처음부터 성경을 읽어 나가면서 문단을 나누는 것이다. 문단을 나누는 지점마다 엔터키를 쳐준다. 종이를 소비하는 것도 아니므로 마음 편히 엔터키를 치고 싶은 만큼 쳐도 된다. 그리고 말이 나오면 엔터키를 두 번 쳐서 한줄을 띠고 말에 따옴표를 쳐준다. 말의 색상을 바꾸어 주면 더욱 좋다. 말의 끝부분엔 마침표나 물음표를 붙여주고 나열되는 문구나 단어는 쉼표로 구분해 준다. 해설은 그대로 나둔다.

하나의 사건이 나오면 다 읽은 후 적절한 제목을 붙여줘도 좋다. 다음에 읽을 때 더 좋은 제목이 생각난다면 언제나 수정해도 된다.

어려운 단어가 나올 경우 인터넷 검색을 시도한다. 여러 가지 결과가 나올 경우, 일반 백과사전의 뜻보다는 라이프 성경사전과 같은 기독교 사전의 결과를 받아들이는 편이 안전하다. 여러 번 하다 보면 어느 사전의 뜻이 적절한지를 알게 될 것이다. 뜻을 알았으면 단어 옆에 괄호를 치고 최대한 간단하게 적어둔다.

한글프로그램뿐만 아니라 거의 모든 워드프로그램은 머리말 기능을 가지고 있다. 이 부분에 내가 지금 읽고 있는 책이름과 시대이름 그리고 사건이름을 적어둔다. 보통 한번 정해두면 다음 머리말을 바꿀 때까지 계속 유지되므로 매우 편리하다.

어떤 역본을 가지고 할 것인가는 독자의 몫이다. 개역개정이 좋으면 그것을 사용하면 된다. 다른 역본으로는 현재 우리말로 번역된 성경들이 많으므로 읽고 이해하기 쉬운 것을 선택해서 읽으면 된다.

사실 성경에는 매우 적은 여백만이 있기 때문에 작은따옴표도 써넣기 어렵기 때문에 가능하면 이 방법을 추천한다. 워드를 사용해 만들어보면 다음과 같다.

창조시대─창세기─1.천지창조 → 읽고 있는 부분

가인과 아벨 → 사건제목

"아담이 그의 아내 하와와 동침하매 하와가 임신하여 가인[뜻: 얻음]을 낳고 이르되"→ 이름이나 어려운 단어의 뜻

"내가 여호와로 말미암아 득남하였다." → 대화는 따옴표, 문장끝은 마침표

"하니라. 그가 또 가인의 아우 아벨[뜻: 호흡, 공기]을 낳았는데 아벨은 양 치는 자였고 가인은 농사하는 자였더라." → 문단을 나눠준다

"세월이 지난 후에 가인은 땅의 소산으로 제물을 삼아 여호와께 드렸고 아벨은 자기도 양의 첫 새끼와 그 기름으로 드렸더니 여호와께서 아벨과 그의 제물은 받으셨으나 가인과 그의 제물은 받지 아니하신지라. 가인이 몹시 분하여 안색이 변하니."

"여호와께서 가인에게 이르시되"→ 대화자는 다른 줄로, 의문문은 물음표

"네가 분하여 함은 어찌 됨이며 안색이 변함은 어찌 됨이냐? 네가 선을 행하면 어찌 낯을 들지 못하겠느냐? 선을 행하지 아니하면 죄가 문에 엎드려 있느니라. 죄가 너를 원하나 너는 죄를 다스릴지니라."

실전은 쉽지 않을 수 있다

매우 간단한 방법이므로 실제로 한 번 해보자.

예레미야서에 다음과 같은 구절이 있다.

말하기를 여호와여 주께서 이곳에 대하여 말씀하시기를 이 땅을 멸하여 사람이나 짐승이 거기에 살지 못하게 하고 영원한 폐허가 되리라 하셨나이다 하라 하니라.

마침표나 따옴표가 없으니 도대체 어디까지가 말인지 헷갈린다. 앞따옴표는 '말하기를' 다음에 붙이면 된다. 그러나 뒷따옴표는 붙이기가 쉽지 않다. 이 문장이 어디서 끝나는 것인지 정확하게 알아야 하기 때문이다. 더군다나 이 문장은 말 안에 말이 있는 형식이기 때문에 더욱 난해할 수 있다. 성경에는 이런 표현이 자주 등장한다.

언젠가 성도들에게 퀴즈 형식으로 질문을 했는데 답이 제각각이었다. 당신도 한번 문장부호를 표시해보라. 정답은 다음과 같다.

말하기를 "여호와여 주께서 이곳에 대하여 말씀하시기를 '이 땅을 멸하여 사람이나 짐승이 거기에 살지 못하게 하고 영원한 폐허가 되리라.' 하셨나이다. '하라.'" 하니라.

여기에는 세 명의 등장인물이 있다. 하나님과 예레미야와 스라야다. 이것은 예레미야가 스라야에게 바벨론에 가면 하나님께 이렇게 아뢰라고 알려준 말씀이다. 먼저 '말하기를' 다음에 말이 시작되므로 따옴표를 붙여준다. 그리고 예레미야가 하나님께 아뢸 말씀을 알려준다. '여호와여'

부터 '하셨나이다'까지다. 양쪽 끝에 작은따옴표를 쳐준다. '하셨나이다'는 문장이 끝나는 부분이니 마침표를 붙인다. 다음으로 '이 땅을'부터 '되리라'까지는 하나님의 말씀을 인용한 것이니 인용부호를 붙여주어야 하기에 다시 작은따옴표를 쳐준다. 그리고 '되리라'에는 문장을 마치는 마침표를 찍어준다. 마지막으로 '하라'까지가 예레미야의 말이므로 마침표를 찍은 후 따옴표로 마감한다. 끝에 '하니라'는 해설이므로 마침표만 해주면 된다.

이 정도만 해주어도 성경을 이해하기가 훨씬 쉬워진다. 이것을 쉽게 할 수 있는 성도는 여기서 또 하나의 불필요한 어려움이 제거된다. 그러나 장년부 이상 대부분의 성도는 자신의 성경에 문장부호를 붙여가며 혼자서 하기에는 시간도 많이 걸리고 어렵기도 하고 불가능한 경우도 있을 것이다. 사실 할 수 있어도 많은 노력이 들어가는 것이 사실이다.

이 방식을 따라 작업된 성경구절이 (그나마) 잘 읽어진다면 그것은 문장부호의 역할이 크다. 느끼지 못했더라도 문단과 마침표, 그리고 쉼표가 읽기를 도와주고 있기 때문이다. 문장부호의 능력을 경험하라. 그래서 더 큰 은혜로 나아가라.

14장

성경의 배경지식을 알라

우리가 제거해야할 나머지 어려움들은 자세히 설명하면 한도 끝도 없기 때문에 한꺼번에 묶어서 알아보자. 자세한 내용을 알고 싶은 독자는 다른 중등 이상의 책들에 상세히 기록되어 있으니 그런 책들을 살펴보기 바란다. 우리는 초등과정에 있기 때문에 문제를 제기하고 더욱 쉬운 방법을 알아보도록 하겠다.

성경을 제대로 읽기 위한 배경지식에는 지리, 기후, 문화, 역사, 번역 같은 것들이 있다. 성경은 우리와는 상당한 차이가 있는 히브리와 그리스 문화 안에서 기록되었다. 그

문화는 지리적 영향도 크다. 지리는 기후를 만들어내고, 기후는 다시 지리를 만들어낸다. 그곳은 우리와는 거리상으로 매우 멀며 기후도 아주 다르다. 문제는 성경이 그와 같은 지리, 기후, 문화, 역사 안에서 기록되었는데 정작 그 성경을 읽는 우리는 우리 문화와 지리의 경험을 가지고 읽는다는 것이다. 그러니 처음 기록될 때의 저자의 의도는 무의식적으로라도 무시되고 전혀 다른 해석이 나오고 있다. 우리는 이런 문제들을 어떻게 해결할 수 있을까?

낯선 지리

만약 친구가 "이번 휴가 때 서울에서 부산까지 도보여행을 했어"라고 말하면 당연히 "굉장히 먼 거리라 고생이 많았을 것"이라고 생각한다. 그러나 우리나라를 잘 모르는 외국인은 그런 말을 당연히 하기가 어렵다. 우리나라의 지리를 모르기 때문에 무슨 소리인지 잘 모를 것이다. 그 거리가 가까운지 먼지, 높은지 낮은지, 남쪽인지 북쪽인지 모른다. 마찬가지로 성경에 자주 등장하는 "단에서 브엘세바까지"라는 표현이 있다. 이는 이스라엘 최북단에서 최남단까지를 말한다. 즉 이스라엘 전체를 말하는 것이다. 하지만 이스라엘의 지리를 모르는 사람은 무슨 뜻인지 알지 못한다. 그 사람은 성경을 이해하지 못한 것이다. 따라서 이스라엘의 지리를 모르면 성경의 이해도가 달라진다. 이런 문제의식을 가진 사람들은 성지순례를 가고 싶어 하기도 한다. 그러나 초등과정에서는 그렇게까지 무리할 필요는 없다. 그저 단어 옆에 간단한 설명으로 족하다.

낯선 문화

다른 나라의 문화는 배우기 어렵다. 그래서 우리나라 사람이 영어를 아무리 잘한다고 해도 미국의 코미디를 보면서도 웃지 못한다. 말은 알아들었지만 그 말이 은유하고 있는 문화를 잘 모르기 때문이다. 그래서 나는 미국의 코미디 영화는 잘 보지 않는다.

시트콤이나 토크쇼도 마찬가지다. 내가 영화를 꽤 보았다할지라도, 미국에서 태어나고 자란 사람들이 환경이나 문화 속에서 그 단어가 가지고 있는 우스운 뜻이나 유행하고 있는 신조어를 아는 것처럼은 되지 못함으로 그 뉘앙스를 이해하지 못하기 때문이다. 외국사람이 우리 문화를 대하는 것도 마찬가지다. 우리나라 사람은 정말 우스운 장면이지만 외국인은 잘 웃을 수가 없다. 설령 미국에서 한국어를 전공했을지라도 우리나라에서 나고 자란 사람처럼은 이해하지 못한다.

그래서 나는 우리나라가 좋다. 어떤 나라가 세계에서 가장 살기 좋다고 해도 우리나라만큼 내가 이해할 수 있는 나라는 없다. "푸르스름"하다거나 "불그래 죽죽"하다는 말은 우리나라 5살짜리도 종종 쓰지만 외국인은 거의 사용할 수가 없다. 가끔 외국영화를 보다보면 말과 자막이 전혀 다르게 나오는 경우가 있다. 이것은 잘못 번역된 것이 아니라 외국문화를 한국인이 이해할 수 있는 문화로 바꿔준 번역자의 배려일 뿐이다.

이만큼 다른 나라의 문화를 체득하는 일은 어렵고, 또 그 문화 속에서 쓰인 글을 이해하기란 마찬가지로 어렵다. 성경은 '히브리 민족'의 문화 안에서 쓰였다. 아무리 번역이 잘되었어도 온전히 이해하기가 어려울 것이라는 점을 우리는 짐작할 수 있다. 그럼에도 성경을 본래 우리말로 쓰인 것처럼 여기며 읽으면 어떻게 되겠는가? 반복해서 말하지만 몇 장 읽었는가, 몇 번 통독했는가에만 치중해서 평가한다면 무슨 의미가 있겠는가?

이해하지도 못한 성경을 많이 읽었다고 자랑하고 또 치하하는 것은 눈 가리고 아웅하는 격이다. 방금 말한, '눈 가리고 아웅'이라는 말을 사전적으로 정확히 모른다고 해도 우리나라 사람은 대충 그 의미를 이해하고 있을 것이다. 외국인은 과연 어떨까? 이런 식의 문장에는 더욱 취약할 수밖에 없다. 이것이 성경을 히브리 사람처럼 온전히 이해하지 못한다 해도 그 문화 안에서 이해하려는 노력이 필요한 이유다.

예를 들어, 성경에 예수님께서 "'나는 마음이 온유하고 겸손하니 나의 멍에를 메고 내게 배우라. 그리하면 너희 마음이 쉼을 얻으리니 이는 내 멍에는 쉽고 내 짐은 가벼움이라.' 하시니라."(마태복음) 하신 것과 또 바울이 "나와 멍에를 같이한 네게 구하노니"(빌립보서)라고 한 말씀을 우리나라 식으로 생각하면 잘 이해가 안 된다. 그 이유는 우리나라의 멍에는 대부분 소 한 마리에 사용하기 때문에 예수님께서 매고 계시던 멍에를 우리에게 넘겨주시는 것으로 생각되기 때문이다. 바울의 말씀은 더욱 이해가 안 된다. 멍에 하나를 어떻게 같이 할 수가 있단 말인가?

그러나 당시 히브리 사람들이 보통 소 두 마리에게 멍에를 같이 하게 했다는 것을 우리가 알게 된다면 이 말씀을 매우 쉽게 이해할 수 있다. 예수님과 함께 멍에를 메다니 이보다 더욱 영광스러운 일이 어디 있겠는가? 또 그 멍에가 매우 가벼울 것이며 쉽게 나아갈 수 있지 않겠는가? 이처럼 문화를 알면 내용의 이해가 더욱 풍성해진다.

그러면 어떻게 할 것인가? 이제 와서 이스라엘에 가서 산다고 해도 때는 이미 늦었다. 우리가 할 일은 처한 환경 가운데서 성경을 최대한 이해할 수 있는 방법을 연구하는 것이다. 그 정도만 해도 되는데, 그것을 안 하는 성도들이 너무 많다. 앞에서 말한 것처럼 성경이 우리나라에 들어오는 과정을 살펴보면 하나님께서는 우리가 히브리 사람처럼 이해하기를 바라지는 않으신다는 것을 알 수 있다. 그저 최대한의 노력을 기울이면 된다. 즉 어려운 단어나 이름이 나오면 그 뜻을 찾아보면 된다.

요사이는 인터넷이 발달해서 많은 성경사전이 사이트에 올라와 있기 때문에 그냥 검색 창에 그 단어를 치면 뜻이 바로 나온다. 이것이 우리가 해야할 최소한의 노력이다. 문제는 그러한 점들을 인식조차 못하고 우리나라 식으로 그냥 이해하고 넘어가는 안일함이다. 단어를 찾아보고, 성경에 기록하자. 여백이 거의 없는 성경에서는 어렵겠지만 말이다(요즘 메모가 가능하도록 나와 있는 성경이 있기는 하다).

번역본

지금 우리가 읽는 성경이 너무 오래전에 번역되었다는

것이 또 하나의 어려움이다. 앞에서 살펴본 바와 같이 우리나라의 성경 완역본을 기준으로 신약은 1900년, 구약은 1911년에 번역되었다. 그러다가 1961년에 개역한글판, 그리고 1998년에 개역개정판으로 일부 단어를 수정했지만 여전히 옛글로 된 부분들이 많다. 현재 우리가 쓰는 말로 번역된 여러 성경들이 있기는 하지만, 아직도 개역개정판을 선호하는 사람들이 많다.

그래서 분명 우리나라 말이지만 이해가 쉽지 않은 단어들이 있다. 여기에 너무 익숙해진 나머지 개역성경이 아니면 읽는 맛이 안 난다고 생각하기도 하지만 그것은 그저 기분 탓이다. 이해가 쉽지 않은 단어들은 찾아봐야한다. 문화가 달라 어려운 단어들도 우리가 알아야 하지만 고어들도 그 뜻을 정확히 알아야 진정한 이해가 가능하다. 나는 분명 이런 뜻이라고 알고 있던 단어들이 나중에 알고 보니 다른 뜻이었던 경험이 있을 것이다. 정확한 검색은 고어의 어려움을 해결해 준다.

이에 대한 아주 대표적인 사례가 있다. 바로 주기도문이다. 지금은 새로 번역된 주기도문을 사용하기도 하지만 이전 주기도문의 문제점을 모르니 새번역에서 무엇이 고쳐졌는지도 모르는 사람들이 있다.

하늘에 계신 우리 아버지

아버지의 이름이 거룩히 여김을 받으시고

나라이 임하옵시고...

우리는 오랫동안 밑줄 "나라이"를 "나라에"로 발음해 왔다. "나라이"의 "이"는 예전에는 "가"와 같은 의미로 사용되었다. 따라서 "나라이"는 "나라가"란 뜻임에도 "나라에"로 발음하여 주기도문의 뜻을 전국적으로 틀리게 만들었다. "나라에"와 "나라가"는 완전히 반대의 뜻이다. 심지어 목회자들 중에서도 그렇게 사용하는 경우가 종종 있었다. 아직도 "나라에"로 쓰는 성도들이 있다. '주기도문'에 기도를 빼고 '주문'처럼 외우는 것에 그 이유가 있다.

성경에 대한 배경지식이 없으면 끝없는 몰이해에 빠지고 만다. 신앙은 엉뚱한 방향으로 나아간다. 배경지식이 뒷받침 되어야만 말씀이 쉽고 정확하게 이해가 된다.

지금까지 서술한 모든 방법을 적용하여 성경을 읽으면 지금까지 경험하지 못한 능력이 나타난다. 먼저 장절을 없애면 순간순간 끊어지던 성경읽기의 나쁜 습관이 없어진다. 사건별로 성경을 읽다보면 성경의 모든 내용이 하나로 연결되는 것을 머리로, 마음으로, 영혼으로 알게 된다. 그리고 문단을 나누다 보면 자연스럽게 집중력이 배가 된다.

그냥 지나가던 구절들이 깨달아지기 시작한다. 내용을 알지 못하면 문단을 나눌 수 없기 때문이다.

문장 부호를 표시하는 것도 마찬가지이다. 대화에 따옴표를 붙이려면 대화를 구분해 내야 한다. 마침표를 찍으려면 문장이 어디에서 끝나는지를 알아야 한다. 쉼표를 찍으려면 문장이나 단어가 어떻게 나열되고 있는지를 알아야 한다. 물음표를 붙여주려면 의문문을 골라내야하고, 모르는 단어에 뜻을 달아주다 보면 더 깊이 성경을 볼 수밖에 없다.

그동안 드러나지 않던 나의 능력이 이 과정을 통해 저절로 나타나게 되는 것이다. 그야말로 성경 열독자가 되는 것이다. 앞에서 언급한 성경 열독률 통계는 읽는 시간만 가지고 판단했지만 그것은 참된 열독자가 아니라고 할 수 있다. 폭발적인 집중력을 가지고 성경의 내용을 파악해 나의 영혼에 깊이 새기는 자가 진정한 성경 열독자다. 이 과정을 통해 당신은 진정한 열독자로 거듭나는 것이다. 거듭나지 않고는 천국에 이를 수 없다던 예수님의 말씀과도 일맥상통한다. 진짜 열독자가 될 수 있다. 당신도 할 수 있다. 부디 그렇게 되기를 바란다.

15장

완벽한 해결책

지금까지 초등과정으로서 성경의 기본적인 이해를 위한 모든 어려움의 해결책을 제시했다. 그러나 이 모든 것을 전체 성도 개개인이 이루어 내기에는 상당한 노력이 필요하다. 그렇다고 너무 어렵게만 생각하지 말자.

이런 성경이 있으면 어떨까? 장절을 제거하고 사건별로 구분되어져 있으며, 문단이 나뉘어 있고 말과 해설이 분명하게 구별되어 있는, 또한 문장부호가 적절한 곳에 표시되어 이해를 돕고 배경지식들에 대한 설명이 간단하게 표시되어 있는 성경 말이다. 관주나 주석 성경이 있기는 하지만 읽기가 여간 어려운 것이 아니다. 대부분 번호를 달고 뜻이 밑에 있어서 위아래를 오가며 읽다보면 오히려 그 내용을 잊어버리곤 한다. 그리고 모든 단어를 설명하고 있지도 않다. 정작 우리가 알아야 하고, 또 알고 싶어 하는 단어는 설명이 없다. 굳이 문화와 지리와 기후를 연구하지 않아도, 어려운 단어들을 사전에서 찾아보지 않아도, 밑에 주를 달지 않아도, 단어 바로 옆에 괄호를 치고 작은 글씨로 설명을 달아주어 성도들이 그 설명을 바탕으로 계속 성경을 읽어 나갈 수 있으면 좋겠다.

이 단어가 어떤 은유를 담고 있는지, 이 나무가 우리가 알고 있는 그 나무인지 아닌지를 간단하게 알려주기만 하면 될 것이다. 이스라엘 지도를 옆에 두고 지도와 성경을 번갈아 보지 않아도 된다. 그렇게 하는 것은 성경읽기의 어려움에 다른 어려움을 더하는 것뿐이다. 마땅히 해당 말씀 옆에 설명이나 지도가 첨부되어 있어야 한다. 그러면 성경의 내용이해에 방해가 없을 것이다.

유명한 만화 미생에 이러한 글이 나온다. "보이는 것이 보여지기 위해 보이지 않는 영역의 희생이 필요한 것이다." 맞다. 한 명만 고생하면 나머지 사람들이 편해진다. 이것은 세상의 이치이며 우리는 그런 세상에 살고 있다.

전기, 전화, 청소기 등 많은 사람들이 일상적으로 사용하고 있고 편리하게 해주는 도구들도 처음에는 그것을 만들기 위한 한 사람의 고생이 묻어있다. 그 고생의 결과가 많은 사람들을 편하게 해주고 있다.

한 명만 고생해서 이와 같은 성경을 만들면 많은 사람이 편하게 성경을 읽고 더 잘 이해할 수 있을 것이다. 이것이 먼저 목회자와 성도가 된 세대가 해야 할 사명인 것이다.

제4부

성경을 더 잘 이해하는 방법

16장

나의 경험

    그동안 나는 만들어진 시스템 안에서 살아왔다. 고등학교 3학년 때 부르심을 받은 후 신학교를 졸업하고, 전도사부터 시작해서 부목사를 거쳐 당연히 단독목회를 할 것으로 생각했었다. 그러나 부목사 시절 여러 어려움을 거치면서 나는 담임목사로 살 사람이 아니라는 것을 깨달았다. 설교는 그럭저럭 했지만 많은 사람을 품는 능력이 부족했다. 그럼 나는 무엇을 해야 할까?

    그래서 곁길로 나가기도 했다. 처음에 나의 꿈은 아나운서가 아니었다. 기계를 만지는 것이었다. 로봇을 만들고 싶었다. 초등학교 1학년 때부터 쓰기는 못해도 읽기는 잘했다. 노력에 따른 것이 아니라, 타고난(?) 것이었다. 중학교에 올라가자 목소리가 좋으니 아나운서를 해 보라는 권유를 받았다. 타고난 읽기능력에 타고난 목소리가 더해졌다. 주위에서 자꾸 그러니까 방송부가 해보고 싶어졌다. 결국 나는 로봇을 만드는 꿈과 어렴풋한 아나운서의 꿈을 동시에 가지게 되었다.

고등학교에서는 당연히 기계를 만질 수 있는 이과를 지원했다. 그러다 소명을 받고 모든 꿈을 접었다. 신학대학에 진학했고, 드디어 학교 방송국에 들어갔다. 그러던 중 대학을 졸업하고 대학원을 다니며 전도사를 하던 시절 우연히 모 방송국 채용공고를 보았다. 방송국 시험은 어떤 시험인지 궁금했다. 그냥 한번 봐 보자라는 생각으로 시험을 쳤다. 대학 1학년 때부터 방송고시를 준비해온 사람들이 많았기에 합격은 꿈도 꾸지 않았다. 당연히 떨어질 것으로 생각하고 시험 준비라고는 이계인 아나운서가 쓴 책 한권 달랑 읽은 채로 시험장으로 들어갔다. 그러나 필기, 실기, 면접을 거쳐 최종 합격했다.

당장 전도사와 대학원을 때려 치고 방송국에 들어갔다. 주위에서 찬사가 쏟아졌다. 처음에는 너무 좋았다. 그러나 그렇게 원하던 아나운서가 됐지만 어쩐 일인지 이건 아니다 싶었다. 실은 하나님의 부르심에 대한 도피였기 때문이었다. 요나가 하나님께서 가라 하신 니느웨가 아닌 다시스로 가는 배를 만난 것같이 나는 방송국이라는 배를 탔던 것이다. 고래뱃속 같은 방송국에서 날마다 회개했다. 그리고 미래가 보장된 방송국을 미련 없이 그만 두고, 부르심의 길로 가기로 결정했다. 그러나 어디로 갈 것인가?

나는 하나님께 기도했다. 나의 길은 어디인지 나에게 주신 능력은 무엇인지, 그 달란트를 묻어두지 않고 두 배로 남겨 드릴 수 있게 해 달라고 간절히 기도했다. 그리고 10년을 찾아 헤맸다.

기계를 좋아하던 나는 무엇인가 만드는 것을 좋아하고 잘한다는 것을 다시 생각해 냈다. 그러나 만드는 달란트를 교회의 어느 곳에 써야할지 몰랐다. 처음에는 기계만 보면 가슴이 뛰는 나인만큼 자전거를 무료로 고쳐주며 전도를 해볼까? 시골에 내려가 농기계를 고쳐주며 복음을 전해볼까? 자동차 정비를 배워 동남아시아에서 선교를 할까? 이런 여러 가지 생각을 했지만 모두 아니었다. 그러다 갑자기 꼭 기계를 만들어야 하는 일이 아니라 성경을 만들 수는 없을까 하는 생각이 들었다. 지금 우리가 사용하는 기계들도 처음 만들어진 모습이 아니라 여러 사람이 더 나은 모습으로 조금씩 발전시킨 결과인 만큼 지금의 성경을 더 잘 이해할 수 있는 성경으로 발전시킬 수는 없을까 하는 생각 말이다.

혹시 오해하는 독자가 있을까봐 이야기하지만 성경의 내용에 손을 대겠다는 것이 아니다. 순수하게 편집으로만 새롭게 만들어 보자는 생각이었다. 지금까지 나와 있는 성경들은 현대어로 바꾸기는 했지만 편집은 그대로이다. 내용 자체를 바꿔 소설형식으로 쓴다든지 요약을 한다든지, 아니면 어린이 성경 같은 것들이 대부분이다. 내용은 그대로 둔 채 시원하게 편집한 성경이 없다는 사실을 나는 깨달았다.

시대가 시대인 만큼 나는 성경을 책으로 읽기보다는 컴퓨터로 보았다. 기계로 무언가 하기를 좋아하기도 했고 활자도 더 크게 볼 수 있었다. 그러면서 성경을 더 잘 이해하기 위해 한 가지 이야기가 끝나는 곳을 구분하기 시작했다. 엔터 한번만 치면 한 줄이 띄어지니 읽기가 훨씬 쉬워지고 이해도 잘됐다. 그런 식으로 나누어보니 꼭 장별로 나누어지지는 않았다. 그래서 장절을 없앴다. 그러다 말과 해설이 구분이 잘 안 되어 대화에 따옴표를 붙였다. 처음에는 구분하기 어려웠지만 한 번만 구분해 놓으면 다음에 읽을 때는 별다른 노력 없이 말과 해설이 분명해졌다. 다음으로 어려운 단어가 나오면 성경사전을 찾아 뜻을 간단하게 단어 옆에 달아 놓았다. 다음에 읽을 때는 사전을 찾을 필요 없이 뜻을 알 수 있으므로 점점 모르는 단어들의 정확한 의미가 외워졌다. 읽는 순서(처음에는 그렇지 않았지만)는 역사 순서대로 읽었다. 머릿속에 성경의 뼈대가 세워졌다. 그러나 66권의 성경을 읽다보면 뼈대 이외의 책(초신자에게는 뼈대도 마찬가지다)은 어느 시대에 속하는지를 자주 잊어버렸다. 그래서 본문 윗부분에 시대를 기록했다. 그렇게 성경 전체를 만들어 놓으니 한 가지 자유가 찾아왔다. 이제는 처음부터 읽지 않고 읽고 싶은 책을 따로 읽어도 어렵지 않았다. 어느 시대에 어떤 배경가운데 기록되었는지 알 수가 있었기 때문이다.

이런 성경을 개인적으로 만들어 주변 사람들에게 나누어 주었다. 성도들이 대환영할 줄 알았는데, 주변의 반응은 미지근했다. 나는 당황했다. 왜 이런 성경에 반응을 보이지 않는지 이해가 안됐다. 이유는 간단했다. 성도들이 성경읽기에서 이런 문제가 있다는 사실을 알지 못하고 있는 것이었다. 너무 쉬운 방법임에도 문제의식이 없으니 해결책을 보고도 반응이 없을 수밖에 없었다. 그래서 성경을 나누어 주는 일을 멈췄다. 문제를 문제로 보게 하는 것이 우선이었다. 처음에는 말로 설명했으나 말재주가 없어서 그런지 문제의식을 갖도록 하기 어려웠다. 그래서 이 문제를 책으로 써야겠다는 생각을 했다. 그것이 바로 이 책이 탄생하게 된 이유다.

17장

성경 탐구자가 되라

나는 때때로 '성경은 읽는 책이 아니라 탐구하는 책'이라고 말한다. 『성경탐구』라는 제목의 책도 있는데 방향은 조금 다르지만 나는 이 책을 통해 많은 것을 배웠다. 무엇보다 제목이 참 마음에 들었다. 내가 굳이 탐구라는 단어를 쓰고 싶은 것은 연구는 너무 전문성을 강요하는 것 같고 그냥 읽는 것은 너무 무책임해 보이기 때문이다(사전적으로는 탐구가 더 깊은 뜻인 것 같다). 읽는 것과 탐구하는 것은 다른 차원의 과정과 결과를 나타낸다. 그럼 어떤 변화가 있을까?

목적의 변화

그냥 '읽는' 것은 재미를 빼고는 아무런 목적도 가지고 있지 않다. 그런 자세로 성경을 읽으면 지루함만 느껴지게 된다. 그러나 '탐구'는 탐구라는 단어가 나타내는 느낌 그대로 우리의 자세부터가 달라진다. 무엇보다도 목적이 달라진다. 이제는 읽는 양이 아니라 이해하는 것이 목적이 된다. 재미는 그 다음 문제가 된다. 지루함도 달아난다. 조사가 시작되는 것이다. 목사님만 하는 것으로 여겼던 과정들을 내가 하게 된다. 탐구의 재미도 느끼지게 된다. 조사가 깊어질수록 이해도가 달라질뿐더러, 부어지는 은혜도 날이 갈수록 늘어난다. 자신의 경험으로만 주로 묵상하던 말씀이 저자의 의도를 파악하며 정확히 묵상하게 된다.

수색의 변화

수색(搜索)은 구석구석 뒤지어 찾음을 뜻한다. 탐구자의 자세가 없으면 성경이라 하더라도 모든 것은 그저 지나가는 것에 불과하다. 그러나 탐구자가 되면 그냥 지나치던 단어와 이름 같은 것들에 눈길이 멈추고 뜻을 찾아보게 된다. 이해하고 싶기 때문이다. 정확한 뜻을 알고서 앞으로 진행하고 싶어진다. 말 그대로 구석구석 찾게 된다. 찾으라

그럼 찾아질 것이다. 구석구석 뒤지고 찾는 사람과 그냥 둘러보는 사람은 얻는 것이 다르다. 어렸을 때 나는 가끔 장롱 밑을 뒤졌다. 그러면 (어린이에게는) 상당량의 동전을 확보할 수 있었다. 구석구석 찾는 사람은 성경이라는 장롱이나 소파에 숨겨져 있는 은혜를 찾을 수 있다. 그러나 쓱 돌아보는 사람은 그저 외형만이 눈에 들어올 뿐이다.

노트의 변화

탐구자의 노트는 무엇인가로 가득 차 있지만 그렇지 않은 사람의 노트는 백지 상태로 비어있다. 탐구자만이 노트의 필요성을 느낀다. 그래서 나는 다이어리를 잘 쓰는 사람이 좋다. 그 사람은 분명 무언가 탐구하는 사람일 것이기 때문이다. 탐구자는 성경을 읽다가 족보가 나오면 누가 누구의 자식인지 노트에 정리해 본다. 왕들이 나오면 순서대로 노트해 본다. 다이어리가 성경의 정리로 채워져 간다. 생각은 잊어버리지만 노트는 잃어버리지 않는다. 벌써 잊어버렸을 기억들이 그대로 남아있다. 그래서 그것은 다시 기억되고, 반복되면 영원한 기억이 된다. 뒤엉켜 있던 것들이 연줄처럼 풀리며 정리가 된다. 노트에는 그런 힘이 있다.

신앙소설의 대가로 꼽히는 김성일씨는 아내가 암에 걸리자 믿음이 없는 가운데서 성경을 읽으며 노트하기 시작했다. 그러자 구원의 확신을 얻게 됐으며 많은 사람들에게 복음의 메시지를 전하는 사람이 됐다. 우리는 성경을 노트해보는 사람이 되자.

행동의 변화

앞에서 언급했지만 안다는 것은 필히 변화를 동반한다. 변화가 없는 앎은 사실상 모르는 것이다. 성경을 탐구하면 생활에 적용도 깊어져 행동이 달라진다. 선데이 크리스천에서 벗어나 세상에 영향력을 미치는 그리스도인으로 살아간다. 매사에 동행하시는 하나님을 느끼게 되니 당연히 행동이 변화된다.

그 사람의 진짜 모습은 혼자 있을 때 무엇을 하는가에 달려있다는 말이 있다. 혼자라고 생각하면 사람들 앞에서 할 수 없는 나쁜 행동도 쉽게 할 수 있다. 그러나 하나님께서 늘 나와 함께하심을 깨닫게 되면 아무 일이나 할 수 없다. 하나님께서 원하지 않으시는 일을 할 수 없다.

한 수도원에 바보 같다고 놀림 받는 수도사가 있었다. 어느 날 수도원장이 수도사들을 불러 새를 한 마리씩 나누어주며 아무도 보지 않는 곳에서 새를 죽여오라고 시켰다. 모두들 새를 죽여서 돌아왔는데 바보 같은 수도사만 오지 않았다. 한참 후에야 온 그 수도사는 살아있는 새를 그대로 가져왔다. 왜 산채로 가져왔느냐는 수도원장의 질문에 "아무리 찾아봐도 하나님께서 보시지 않는 곳이 없어서요"라고 대답했다. 누가 바보인가? 탐구자는 하나님의 존재를 인식하게 되고, 따라서 행동이 변화된다. 그래서 성경은 탐구되어 마땅한 책이다.

의식의 변화

혹시 독자 가운데 탐구자로는 못살겠다는 사람이 있는가? "나는 못한다"는 생각을 버려야한다. 못할 것은 따로 있다. 세상의 일들은 못할 수도 있지만, 성도로서 성경을 탐구하지 못한다는 것은 그리스도인이 아니라는 뜻이다. 하나님께서 우리에게 성경을 주신 이유를 깊이 생각해보라. 못한다는 말을 들으시기 위해서 주신 것이 아니다. 당연히 읽고 이해하고 그대로 살라고 주신 것이다.

내가 설교할 때 성도들에게 이런 질문을 한 적이 있다. "나도 바울처럼 살 수 있을까?" 대부분의 성도들은 못한다고 대답했다. 실패의식에 사로잡혀 있는 것이다. 어쩌다 성도들의 마음이 이렇게 주저앉았을까? 말씀이 뒤로 밀리는 신앙생활을 오랜 시간 해왔기 때문이다. 우리나라 초대교회의 중심에는 말씀이 있었다. 입만 열면 말씀을 이야기했다. 그러나 어느덧 말씀이 희미해져 갔고 그 자리를 이생의 자랑들이 대신 차지했다. 교회는 성장 위주로 나아갔으며, 성도들은 신앙을 자신의 이익을 위한 도구로 앞세워 왔다. 그런 식으로 100년이 지나지 못해서 한국교회는 힘을 잃었다는 자조적인 말이 세상을 뒤덮었다.

성경으로 돌아가자. 그것도 성경탐구자로 돌아가자. 성경에 보면 하나님께서는 강하고 담대한 사람을 원하신다. 하나님께서는 영원히 우리와 함께하신다고 말씀하셨다. 성도란 말씀 안에서 못할 것은 없다고 외치는 자다. 성경이라는 선물 안에 살아가자. 성경 탐구자로 살아가자.

18장

성경읽기 코칭을 받으라

항해하기 전에 지도를 살펴보면서 계획을 짜는 것은 중요하다. 선장들은 배의 안전 여부를 최우선으로 점검한다. 낡은 곳은 없는가? 물이 새는 곳은 없는가? 여분으로 준비해야할 물건은 무엇인가? 음식과 식수는 충분한가? 우리는 성경 이해하기로 가는 항해를 준비 중이다. 이렇게 땜질을 하고 배의 무게를 줄이고 중간에 들를 항구를 표시하고 항해를 시작해야 한다. 준비가 부족하면 "성경 이해자로 가는 길"호는 표류한다. 주위에 바글거리는 사람들이 있을지라도 도와줄 사람이 없다. 우리는 이런 망망대해 같은 곳에서 누구의 손길을 기대하겠는가(허영만, 부자사전 각색)?

혼자서 성경을 읽는 것이 어려우면 좋은 코치에게 코칭을 받으면 훨씬 도움이 된다. 이 세상에 그토록 많은 학원들이 있는 것도 바로 그런 이유 때문일 것이다. 자동차 운전도 혼자 습득할 수 있다. 공부도 혼자 할 수 있다. 악기도 혼자 익힐 수 있다. 그러나 학원을 다니면서 먼저 그 분야에서 오랜 시간 훈련된 사람에게 코칭을 받으면 시간과 노력이 단축되고, 시험이라면 문제의 유형과 푸는 기술을 더 쉽게 배울 수 있다.

성경에 대한 코치들은 우리 주변에 너무나 많다. 그러나 주의해야 할 것은 자기 수준에 맞는 코치를 골라야 한다는 사실이다. 천재가 아니고서야 유치원을 막 졸업한 어린이가 중학교에 진학할 수는 없다. 지금 한국교회에 성경 코치는 많지만 초등과정의 코치는 거의 없다. 코치 자신도 중등과정을 가르치면서 초등과정 코치라고 착각하고 있는 실정이다. 중학교 선생님이 초등학교 1학년을 모아놓고 중학교 과정을 가르치며 자신은 초등학교 선생님이라고 착각하는 것같이 말도 안 되는 상황이 한국교회에 벌어지고 있는 것이다. 초등학생은 초등학교 과정을 배워야한다. 중학교 과정을 초등학교 과정으로 착각하고 있는 선생님한테 배우면 열등생으로 가는 지름길이 된다. 골프 황제 타이거 우즈는 우리가 본받지 말아야 할 점도 많이 가지고 있지만 이것 한 가지는 분명히 본받을 만하다. 슬럼프가 올 때마다 다시 골프의 기초를 코칭 받는다는 것이다. 황제도 기초를 코치 받을진대 성경읽기가 어려운 왕초보들은 어떠랴!

나에게 불필요한 어려움을 제거하는 방법을 알려주는 코치를 찾아라. 너무 광범위하며 시간이 오래 걸리는 코치들에게는 눈을 돌리지 마라. 기초를 쉽고 금방 알 수 있게 코칭하는 코치를 찾으라. 이미 그 어려움을 겪어봤고 해결책을 가지고 있는 코치를 찾으라.

다른 모든 코치들이 일상 하듯이 하는 코치가 있는가하면 자신만의 경험과 노하우를 가지고 시간을 절약하고 멋진 결과를 나타나게 해주는 코치가 있다.

우리에게 있는 대제사장은 우리의 연약함을 동정하지 못하실 이가 아니요 모든 일에 우리와 똑같이 시험을 받으신 이로되 죄는 없으시니라(히브리서).

예수님께서 최고의 코치이신 이유는 모든 일에 우리와 똑같이 시험을 받으신 분이기 때문이다. 성경읽기 코치도 어려움을 몸으로 체험하고 몸부림치며 그 어려움을 헤치고 나온 코치여야 한다. 이런 관점에서 찾으면 올바른 선택을 할 수 있고 성경을 읽으려는 자의 특권을 누릴 수 있다.

결론적으로 가장 중요한 점은 코칭을 받고 난후 '내가 성경을 읽고 이해하는 사람이 되었는가' 하는 것이다. 성경에 대한 수많은 지식을 알려주지만 결국 나를 성경 읽는 사람으로 만들어주지 못하는 코치는 사실 우리가 필요로 하는 코치는 아니다.

코칭을 받은 후 내가 성경을 읽고 있는가? 성경을 읽고 이해하고 있는가? 아니면 지식은 늘었지만 여전히 성경을 읽기 어려워하고 있는가? 이것이 코치의 자질을 말해준다.

제5부

성경 이해자로 살아가라

19장

사명찾기

이것은 방법이기도 하고 결과이기도 하다. 성경을 이해하며 읽으려면 성경에서 사명을 찾으라. 그러면 읽어지고, 이해된다. 그리고 이제 성경을 읽고 이해하게 되었더라도 다시 사명을 찾으며 읽으라. 그래야만 한다. 하나님께서 왜 나를 이 땅에 보내셨는지 발견하라. 사명을 모른 채 이 땅을 살아간다면 모든 게 그만큼 늦어진다.

만일 우리에게 추구해야 할 목적이나 사명이 없다면 삶은 균형을 잃게 되어 다시 균형을 찾기 전까지는 행복할 수 없다. 그렇다면 여러분의 목적은 무엇인가? 사명은 무

엇인가? 무엇을 하고 싶은 열망이 있는가?(『내영혼의 리
필』, 리처드 P. 존슨 저, 바오로딸 출간)

믿지 않는 자들도 인생의 사명을 찾기 위해 애쓰고 있
다. 하물며 그리스도인이 사명을 모른 채 살아간다면 비록
신앙생활을 한다고 해도 무감각하고 시들한 인생에서 벗
어날 수가 없다. 나이가 많든 적든 상관없다. 사명을 찾지
못하면 하나님께서 주신 삶을 허비하는 것은 물론이거니
와 개인적으로도 삶에서 행복을 느낄 수 없다. 누군가 당신
에게 사명이 무엇이냐고 묻는다면 뭐라고 대답할 것인가?
즉시 확신에 찬 대답을 할 수 없다면 당신은 아직 사명을
못 찾은 것이고 삶을 허비하고 있는 것이다.

또 어떤 사람이 타국에 갈 때 그 종들을 불러 자기 소유를
맡김과 같으니 각각 그 재능대로 한 사람에게는 금 다섯
달란트를, 한 사람에게는 두 달란트를, 한 사람에게는 한
달란트를 주고 떠났더니 다섯 달란트 받은 자는 바로 가
서 그것으로 장사하여 또 다섯 달란트를 남기고 두 달란
트 받은 자도 그같이 하여 또 두 달란트를 남겼으되 한 달
란트 받은 자는 가서 땅을 파고 그 주인의 돈을 감추어 두
었더니 오랜 후에 그 종들의 주인이 돌아와 그들과 결산
할 새 다섯 달란트 받았던 자는 다섯 달란트를 더 가지고
와서 이르되 "주인이여 내게 다섯 달란트를 주셨는데 보
소서 내가 또 다섯 달란트를 남겼나이다." 그 주인이 이르

되 "잘하였도다. 착하고 충성된 종아 네가 적은 일에 충성하였으매 내가 많은 것을 네게 맡기리니 네 주인의 즐거움에 참여할지어다" 하고 두 달란트 받았던 자도 와서 이르되 "주인이여 내게 두 달란트를 주셨는데 보소서 내가 또 두 달란트를 남겼나이다." 그 주인이 이르되 "잘하였도다 착하고 충성된 종아 네가 적은 일에 충성하였으매 내가 많은 것을 네게 맡기리니 네 주인의 즐거움에 참여할지어다" 하고 한 달란트 받았던 자는 와서 이르되 "주인이여 당신은 굳은 사람이라 심지 않은 데서 거두고 헤치지 않은 데서 모으는 줄을 내가 알았으므로 두려워하여 나가서 당신의 달란트를 땅에 감추어 두었었나이다 보소서 당신의 것을 가지셨나이다." 그 주인이 대답하여 이르되 "악하고 게으른 종아 나는 심지 않은 데서 거두고 헤치지 않은 데서 모으는 줄로 네가 알았느냐? 그러면 네가 마땅히 내 돈을 취리하는 자들에게나 맡겼다가 내가 돌아와서 내 원금과 이자를 받게 하였을 것이니라" 하고 "그에게서 그 한 달란트를 빼앗아 열 달란트 가진 자에게 주라. 무릇 있는 자는 받아 풍족하게 되고 없는 자는 그 있는 것까지 빼앗기리라. 이 무익한 종을 바깥 어두운 데로 내쫓으라. 거기서 슬피 울며 이를 갈리라" 하니라(마태복음).

장차 하나님의 심판대 앞에 섰을 때도 마찬가지이다. '내가 준 달란트로 무엇을 했느냐?'고 물으실 때 땅에 묻어 두었다거나 나를 위해 썼다고 한다면 그나마 있던 달란트

마저 빼앗길 뿐만 아니라 어두운 곳으로 쫓겨나서 슬피 울며 이를 가는 일이 생긴다. 어찌 사명을 찾지 않을 수 있겠는가? 먹고 사는 것이 우리의 사명이 아니다. 우리가 사명을 찾아 감당하면 먹고 사는 것은 하나님께서 알아서 하신다. 우리는 사명을 찾아 감당하여 마땅히 두 배로 남겨 드려야 한다. 사명을 찾으라.

그러나 사명 찾는 것은 쉽지가 않다. 쉽게 사명을 찾은 사람은 없다. 모세도 그랬고 바울도 그랬다. 그렇다고 사명 찾기를 포기해서는 안 된다. 어렵더라도 반드시 찾아야 한다. 사명을 찾는 것은 어렵지만 그만큼 좋은 것이기 때문이다. 사명을 알면 삶에 힘이 생긴다. 나의 배에서 끝없이 솟아나는 열정의 샘을 갖게 된다. 땅 끝까지 가라 하시는 명령이 전혀 부담스럽지 않게 된다. 죽음도 두렵지 않게 된다.

세상은 물론이거니와 성도들 중에도 죽음을 두려워하는 자들이 있다. 빌립보서에 "이는 내게 사는 것이 그리스도니 죽는 것도 유익함이니라"(빌립보서)고 말씀하고 있는데, 사명자는 그 사명을 완수할 때까지 죽지 않는다. 죽음이 두려운 이유는 오직 사명을 완수하지 못할 것을 염려해서다. 그래서 성경읽기는 사명 찾기가 되어야 한다. 사명을 찾으면 그때부터 성경은 인생의 지도가 되고 물질이 되어 나를 돕는다. 하나님께서는 그렇게 우리를 사용하신다. "누가 갈꼬?" 하실 때 "제가 여기 있습니다"라고 말할 수 있게 된다. 사명감은 "너희가 내 안에 거하고 내 말이 너희 안에 거하면 무엇이든지 원하는 대로 구하라 그리하면 이루리라"는 요한복음의 말씀이 삶에 이루어지는 것을 경험하게 한다. 뜻이 있는 곳에 길이 있다고 사명은 길을 있게 한다. 헤매지 않아서 시간낭비가 없다. 그리고 즐겁다. 스트레스는 어느덧 남의 말이 되고 진정한 행복 가운데 살게 된다.

무엇보다도 하나님 앞에서 당당하게 살아갈 수 있다. 심판대도 두렵지 않다. 나에게는 오직 칭찬과 상급과 면류관이 주어질 것이기 때문이다. 요한복음에 "진리를 알지니 진리가 너희를 자유롭게 하리라"는 말씀처럼 자유로운 삶을 살게 된다. 진리를 알았기에 부족함이 없다.

사람들이 진정 원하는 것은 자유다. 모두가 고통스러워하는 것은 이런 저런 것들에 묶여 자유가 없어서다. 돈을 그렇게 좋아하는 것도 실은 돈이 주는 자유 때문이다. 돈을 가지면 돈이 없을 때보다 확실히 여러 면에서 자유롭게 된다. 그러나 돈도 진정한 자유는 주지 못한다. 부자들도 자살하는 것을 보면 알 수 있지 않은가! 진정한 자유는 오직 진리 안에서 주어진다. 그 진리의 중심에는 사명이 있다. 그래서 성경이 우리에게 주어졌고, 우리는 이 성경 안에서 사명을 발견할 수 있다. 사명을 발견하면 자유가 주어지고 기쁨이 주어진다. 인생을 참으로 행복하게 살고 싶은가? 성경을 읽고 이해하며 사명을 찾으라.

다시 말하지만 "사명이 무엇입니까"라는 질문에 즉시 답할 수 있어야한다. 망설이는 자는 아직 사명을 확실히 찾지 못한 사람이다. 성경읽기는 사명 찾기이며 찾은 자에게는 사명을 감당하는 힘이 생긴다.

20장

행동으로 보여주라

그리스도인에게 능력은 필수다. 아무 능력도 없는 자를 우리는 그리스도인이라 부르지 않는다. 여기서 능력은 세상이 말하는 것이 아닌 행동하는 능력을 의미한다. 하나님께서 주시는 능력이 아니고서는 행동으로 보여주는 것은 불가능하다. 천성(天性)은 성령도 변화시키지 못한다는 말을 들은 적이 있는데, 이는 믿음 없는 말이 아닐 수 없다. 성령님은 변화시키실 수 없는 것이 없으시다. 다만 성령님의 역사에 도달하지 못한 것이 변화하지 못하도록 다리를 붙잡는 것뿐이다. 성령님의 역사는 성경을 이해하여 말씀으로 충만한 사람들에게 일어난다. 교인이 되었음에도 행동이 달라지지 않는 자들이 있다. 나도 한동안 그런 삶을 살았다. 그런 행동 없음이 교회를 무력화시키고 복음전파를 방해한다. 교인은 반드시 성도만의 행동을 보여주어야 한다.

거룩이란 구별됨을 말한다. 구별된다는 것은 다르다는 것을 말하며, 그 다름은 바로 행동의 다름이다. 수많은 크리스천들이 좋지 못한 뉴스에 등장한다. 행동이 달라지지 못했기 때문이다. 성도로 불림 받을 수 없음에도 과분한 명칭에 무임승차하여 살아온 까닭이다. 그 저변에는 말씀의 부재가 있다. 아마도 세상살이에 집중한 나머지 성경 읽을 시간이 없었으리라!

무엇이 나에게 이익이 될까 계산하지 말라. 그저 말씀을 이해하여 그대로 행동하면 필요한 모든 것이 따라온다. 하나님께서 나의 필요를 다 아시기 때문이다. 이제는 말씀이해자로 살아가라. 예전의 모습은 허물 벗듯 다 벗어버리고 변화된 모습으로 살아가라. 이는 말씀이해자가 되면 자연적으로 나타나는 현상이니 신경 쓸 것도 없다. 그러니 오직 말씀이해에만 집중하라.

21장

인생의 문제들의 해답을 찾으라

죽음

모든 사람은 죽는다. 우리도 언젠가는 죽을 것이다.

한번 죽는 것은 사람에게 정하신 것이요 그 후에는 심판
이 있으리니(히브리서).

그런데 죽는 것을 두려워하는 사람들이 많다. 인터넷
검색만 해봐도 죽는 것이 무섭다는 글이 적지 않다. 사람은
경험해보지 않은 것들에 대해 두려움을 갖는다. 미지의 세

계에 대한 두려움이 있다. 도대체 어떻게 될지 알지 못하기 때문이다. 더군다나 죽음의 경험에 대해 말해주는 사람이 한명도 없는 상황에서는 더욱 그럴 것이다. 성도들도 예외는 아니다. 믿음 안에서 산다고 하면서도 죽음을 두려워하는 것이다.

세상 사람들은 죽음을 두려워하든 안하든 거기에 매여 있다. 평생 이 죽음 때문에 두려움 가운데 살거나 어차피 죽을 거 즐기면서 맘대로 살자고 하며 삶을 타락에 내던지는 자들도 있다.

또 죽기를 무서워하므로 일생에 매여 종노릇하는 모든 자들을 놓아 주려 하심이니(히브리서).

그러나 말씀 가운데 사는 성도들은 이 죽음을 두려워할 필요가 없다. 하나님께서 죽음의 종노릇에서 우리를 놓아 주시겠다고 약속하셨기 때문이다. 성도이면서 아직도 죽음이 두렵다면 아직 말씀이해자가 되지 못한 것이다. 말씀을 이해하면 죽음이 더 이상 두렵지 않게 된다. 죽음이 무엇인가에 대해 알게 되기 때문에 더 이상 그것은 미지의 두려움이 되지 못한다. 그럼 죽음에 대한 성경의 가르침을 살펴보자.

성도의 죽는 것을 여호와께서 귀중히 보시는도다(시편).

죽음은 죄로 인하여 들어왔지만 모든 것을 연합하여 선을 이루시는 하나님께서 귀한 것으로 만들어 놓으셨다. 하나님께서 귀하게 보시는 것을 우리가 어찌 두려워할 수 있겠는가. 그것은 성도의 자세가 아니다. 바울은 죽음에 대해 이렇게 말했다.

이는 내게 사는 것이 그리스도니 죽는 것도 유익함이니라
(빌립보서).

이런 믿음은 성경말씀으로부터 얻을 수 있다. 죽음이 더 이상 두려운 것이 아니라 유익한 것이 되는 경이로운 경험을 말씀으로 체험할 수 있다. 솔로몬도 이렇게 말했다.

아름다운 이름이 보배로운 기름보다 낫고 죽는 날이 출생
하는 날보다 나으며(전도서).

나는 이런 생각을 해보았다. 세상은 왜 생일을 축하할까? 고해라 불리는 이 세상에 태어나 사명 없이 살아가는데 생일이 어찌 기쁜 날이란 말인가? 세상은 죽음을 그저 슬퍼하기만 한다. 물론 사랑하는 이가 떠나가는 것은 슬픈 일이다. 어렸을 때 내 아버지는 사우디아라비아로 건축현장 소장을 하시기 위해 떠나셨는데, 그때 나는 아주 슬펐다. 외국에만 나가도 이렇게 눈물이 나는데 죽음이 어찌 슬프지 않겠는가! 그러나 전도서의 말씀과 같이 죽는 날이 출

생하는 날보다 낫다는 믿음을 가지면 마냥 슬퍼할 수만은 없다. 사명을 다하고 죽은 성도라면 더더욱 그렇다. 엄숙한 추도예배는 한두 번이면 충분하다. 그 다음부터는 축하하는 날로 삼으면 이를 본받은 후손들이 더욱 믿음을 가지리라. 나의 이익만 추구하다 죽으면 슬픔만 가득하다. 바울의 이야기를 다시 들어보자.

> 우리 중에 누구든지 자기를 위하여 사는 자가 없고 자기를 위하여 죽는 자도 없도다(로마서).

말씀을 통해서 이 사실을 알고, 자기를 위해 살지 않고 또 자기를 위해 죽지 않는다면, 죽음은 마냥 슬픔으로만 남아있지 않게 된다. 하나님께서는 예수 그리스도를 통해 죽음을 이기셨다. 우리는 말씀을 통해서 그 믿음을 가질 수 있게 된다.

> 그러나 오늘과 내일과 모레는 내가 갈 길을 가야 하리니 선지자가 예루살렘 밖에서는 죽는 법이 없느니라(누가복음).

죽음을 두려워 말라. 말씀으로 사명을 깨닫고 우리의 갈 길을 가자. 성도는 하나님 밖에서 죽는 법이 없다. 우리는 오직 말씀이해자가 되는 일에 힘쓰자. 그러면 진리가 우리를 죽음으로부터도 자유케 하실 것이다. 하나님 안에서 죽는 것은 복된 것이다.

> 또 내가 들으니 하늘에서 음성이 나서 가로되 "기록하라
> 지금 이후로 주 안에서 죽는 자들은 복이 있도다" 하시매
> 성령이 가라사대 "그러하다 저희 수고를 그치고 쉬리니
> 이는 저희의 행한 일이 따름이라" 하시더라(요한계시록).

죽음은 고통이 아니라 수고가 그치는 날이다. 그런데 이는 내가 행한 일에 따른다. 성경 이해자, 사명을 깨달은 자, 그 사명을 완수한 자들이 이에 해당한다. 어떤가? 이제 죽음의 두려움에서 조금씩 해방되고 있지 않는가? 죽음에서 소망이 느껴지지 않는가?

> 악인은 그 환난에 엎드러져도 의인은 그 죽음에도 소망이
> 있느니라(잠언).

예수님의 말씀은 더욱 강력하다.

> 진실로 진실로 너희에게 이르노니 사람이 내 말을 지키면
> 죽음을 영원히 보지 아니하리라(요한복음).

말씀을 이해하기 시작하면 죽음에 두 가지가 있다는 것을 알게 될 것이다: 육의 죽음과 영의 죽음. 말씀 안에 있지 아니한 자는 이 두 죽음을 맞이하게 된다. 영원한 삶이 아닌 영원한 죽음을 떠안고 이 세상과 작별하게 된다. 그러나 말씀으로 무장한 자는 육은 죽을지언정 영은 죽음을 영원

히 보지 않게 된다는 게 주님의 약속이다. 내가 구원을 받았고 말씀을 붙잡고 있다는 생각을 하면 자다가도 벌떡 일어난다. 마치 영적 로또에 당첨된 기분이다. 나 같은 자가 어떻게 이런 복을 받았을까? 오천 원짜리도 당첨되지 못한 내가 어떻게...

> 우리가 항상 예수 죽인 것을 몸에 짊어짐은 예수의 생명도 우리 몸에 나타나게 하려 함이라. 우리 산 자가 항상 예수를 위하여 죽음에 넘기움은 예수의 생명이 또한 우리 죽을 육체에 나타나게 하려 함이니라. 그런즉 사망은 우리 안에서 역사하고 생명은 너희 안에서 하느니라(고린도후서).

이제 죽음의 두려움 따위는 개나 줘버리고 성경 이해자의 삶을 살자. 항상 예수 죽인 것을 몸에 짊어지자. 항상 예수를 위하여 죽음에 넘기우자. 그러면 생명이 우리 몸에 나타난다. 우리 안에 역사하는 사망을 통해 다른 이에게 생명의 역사를 선사할 수 있다.

> 이 말씀을 하심은 베드로가 어떠한 죽음으로 하나님께 영광을 돌릴 것을 가리키심이러라. 이 말씀을 하시고 베드로에게 이르시되 "나를 따르라" 하시니(요한복음).

말씀이해자의 죽음은 하나님께 영광을 돌리게 된다. 비로소 주님을 완전히 따를 자격이 주어진다. 양을 먹이게 된다. 이런 죽음이 두려운가? 말씀이해자는 기뻐할 것이다.

> 믿음으로 에녹은 죽음을 보지 않고 옮기웠으니 하나님이
> 저를 옮기심으로 다시 보이지 아니하니라. 저는 옮기우기
> 전에 하나님을 기쁘시게 하는 자라 하는 증거를 받았느니
> 라(히브리서).

마지막으로 에녹을 부러워하는 성도들이 많다. 죽음을
보지 않고 옮기웠으니 말이다. 죽음을 보지 않고 하늘로 올
리운 자가 또 있다.

> 여호와께서 회리바람으로 엘리야를 하늘에 올리고자 하
> 실 때에 홀연히 불 수레와 불말들이 두 사람을 격하고 엘
> 리야가 회리바람을 타고 승천하더라(열왕기하).

나도 죽음을 보지 않고 하늘로 올라갈 수 있을까? 방법
이 없는 것은 아니다. 누구를, 왜, 하늘로 올리우시는가 하
는 것은 전적으로 하나님의 권한 하에 있다. 그러나 분명한
한 가지는 옮기우기 전에 하나님을 기쁘시게 하는 자라 하
는 증거를 받아야 한다. 부러워하는 것만으로는 이루어질
수 없다. 악인을 하늘로 올리우신 예는 없다. 죽음을 보고
싶지 않다면 먼저 하나님을 기쁘시게 하는 자가 돼야 한
다. 말씀이해자는 하나님을 기쁘시게 하는 자다.

> 예수께서 대답하여 가라사대 "사람이 나를 사랑하면 내
> 말을 지키리니 내 아버지께서 저를 사랑하실 것이요 우리

가 저에게 와서 거처를 저와 함께 하리라"(요한복음).

말씀을 이해하면 그 말을 지키게 되고 하나님의 사랑을 받으며 거처를 함께하게 된다. 따라서 말씀이해자에게 죽음은 더 이상 두려움의 대상이 아니다. 그들의 삶의 끝에는 오직 기쁨이 봄날의 햇살같이 가득할 뿐이다.

부

많은 사람들이 부자가 되고 싶어 한다. 그러나 말씀부자만한 것이 또 있을까? "세상에서 부자 되는 방법을 말하는 줄 알았는데 무슨 말인가?"라고 할 사람도 있을 것이다. 실망인가? 조금 더 읽어보라.

> 내 사랑하는 형제들아 들을지어다. 하나님이 세상에서 가난한 자를 택하사 믿음에 부요하게 하시고 또 자기를 사랑하는 자들에게 약속하신 나라를 상속으로 받게 하지 아니하셨느냐(야고보서).

산상수훈에서 말씀하셨듯이 세상에서 가난한 자는 돈이 없는 자가 아니라 마음이 가난한자, 즉 마음을 세상적인 것으로 채우지 아니한 자, 그 자리를 말씀으로 채운 자들이다. 그런 자는 믿음에 부요하게 되며 하나님을 사랑하게 되어 약속하신 나라, 즉 천국을 받게 된다.

"세상물질만을 자랑하던 자가 그날 밤 죽으면 그 물질이 누구 것이 되겠느냐?" 하시며 자기를 위하여 재물을 쌓아 두고 하나님께 대하여 부요하지 못한 자가 이와 같으니라 (누가복음).

세상 부자도 좋지만 우선 말씀부자가 되어야 한다. 말씀이해자 말이다. 말씀이해자로 살아가지 않으면 재물이 아무리 많아도 하나님께 대하여 부요하지 못한 자가 되고 그러면 그 물질은 남의 것이 되고 만다. 이것이 우선적으로 말씀이해자가 되어야 하는 이유이다.

그러나 말씀부자가 재물도 얻을 수 있음을 말씀하셨다.

또한 어떤 사람에게든지 하나님이 재물과 부요를 그에게 주사 능히 누리게 하시며 제 몫을 받아 수고함으로 즐거워하게 하신 것은 하나님의 선물이라(전도서).

하나님은 재물이 하나님의 선물임을 아는 자에게 제 몫을 주어 수고함으로 즐거워하게 하신다. 말씀이해자만이 재물이 하나님의 선물임을 알 수 있다. 전도서를 이해하지 못하고 어떻게 그것을 알 수 있겠는가. 어떻게 보면 말씀이해는 수고로움이다. 그 수고로움이 있을 때 즐거움도 따라온다.

부자가 되고 싶은가? 말씀이해자로 살아가라.

건강

모든 사람들이 원하는 것 중에 하나가 건강한 삶이다. 그러나 말씀으로 건강해질 수 있다는 것을 알고 있을까?

> 내 아들아 내 말에 주의하며 내가 말하는 것에 네 귀를 기울이라. 그것을 네 눈에서 떠나게 하지 말며 네 마음속에 지키라 그것은 얻는 자에게 생명이 되며 그의 온 육체의 건강이 됨이니라(잠언).

말씀에 주의하며 귀를 기울이고 그것을 눈에서 떠나게 하지 않고 마음속에서 지키는 자, 바로 이런 말씀이해자에게 생명과 온 육체의 건강을 주신다. 즉 말씀을 소중히 여기는 자에게 건강을 주시겠다는 말이다. 좋은 것 찾아 먹으려고 애쓰지 않아도, 무슨 운동을 해야 하나 고민하지 않아도 건강은 말씀을 따라 들어온다. 말씀이해자에게는 건강이 걱정거리가 되지 못한다. 그러니 말씀이해자로 살아라. 하나님께서 건강을 주실 것이다. 하나님은 약속을 반드시 지키시는 분이시다.

장수

장수 역시 많은 사람들이 원하는 것이다. 세상에서는 적게 먹고 채식을 하며 운동을 열심히 하면 장수한다고 말한다. 그러나 불의의 사고로 단명하는 것을 어떻게 막을 것인가? 비명횡사에는 방법이 없다. 최대한 조심하며 하나님의 뜻에 맡기는 수밖에. 또 오랜 병으로 고생하며 100세까지 살아서 무엇 하겠는가!

성경에는 장수의 복을 약속하고 있다. 그럼 어떻게 하면 장수한다고 말씀하시는가?

> 네 아버지와 어머니를 공경하라. 이것은 약속이 있는 첫 계명이니 이로써 네가 잘되고 땅에서 장수하리라(에베소서).

부모를 공경하지 않으면서 장수를 바라는 것은 무모할 따름이다. 여기서의 공경도 깊은 의미에서 말씀이해자로서의 공경이다. 세상에도 부모를 공경하는 자들이 많지만 그들이 이 약속에서 제외됨은 말씀이해자가 아니기 때문이다. 말씀이해자들이여, 부모를 공경하면 장수할 수 있을 뿐만 아니라 땅에서 잘됨까지 약속하고 계신다는 것을 기억하라. 얼마나 복에 복을 더한 말씀인가? 하나님은 이렇게 풍부하신 분이다. 말씀이해자로 사는 사람은 이생의 삶에 대해 걱정할 것이 없다. 말씀이해자가 되는 것이 부모 공경의 첫걸음이다.

> 늙은 자에게는 지혜가 있고 장수하는 자에게는 명철이 있

느니라(욥기).

명철이란 밝을 명(明)에 밝을 철(哲)이다. 무엇에 밝다는 것인가? 세상에서는 사리에 밝다는 뜻이지만 성경에서는 말씀에 밝은 것을 말한다. 즉, 성경이해자는 장수한다.

다른 장수의 방법도 있다.

> 길을 가다가 나무에나 땅에 있는 새의 보금자리에 새 새 끼나 알이 있고 어미 새가 그의 새끼나 알을 품은 것을 보거든 그 어미 새와 새끼를 아울러 취하지 말고 어미는 반드시 놓아줄 것이요 새끼는 취하여도 되나니 그리하면 네가 복을 누리고 장수하리라(신명기).

두 마리 다 갖거나 큰 것을 갖고 싶은 것이 사람의 마음이다. 이런 마음을 거슬러 말씀을 따르는 자, 그에게 장수의 복이 내린다. 어차피 어미만 취하더라도 새끼는 돌봄을 받지 못해 죽고 만다. 생명의 단절이다. 그러나 새끼를 취하고 어미를 놓아주면 그 어미는 또 새끼를 낳을 수 있다. 그러면 또 새끼를 취할 수 있지 않겠는가. 여기에 명철이 있다. 사람도 살고 동물도 사는 방법이다.

이것이 하나님의 마음이며 섭리법칙이다. 하나님의 마음을 본받는 자, 하나님의 말씀을 따를 수 있는 마음이 있는 자는 장수하리라! 오래 살고 싶으면 말씀이해자가 되라.

이것은 하나님의 약속이니 불의의 사고나 병이나 치매 따위는 걱정할 것 없다. 말씀은 우리에게 복을 주고 장수를 주신다. 성경읽기는 짐이 아니라 살아가게 하는 힘이다.

맺음말

나는 이 책을 한국 성도들의 성경 열독률을 올리기 위해 썼다. 탈고를 수십 번 했지만 내가 생각하고 있는 것을 더 친절하게 모두 쓴 것 같지 않아 아쉬움이 많이 남는다. 능력의 한계임을 실감한다. 불친절한 부분이 있다면 양해를 구한다. 그러나 나의 생각과 방법이 성경을 읽는데 있어서 조금이라도 도움이 된다면 하나님과 독자들에게 감사할 따름이다.

성경이 왜 신앙의 0순위가 되어야 하는지, 그것이 어떻게 성경읽기의 힘이 되는지, 내가 기록한 이상으로 깨닫게 되기를 기도한다. 그리고 모든 책 읽기의 기본이 되는 것이 왜 성경읽기에서 제외되었는지, 그것이 성경읽기를 얼마나 읽기 어려운 것으로 만들어버렸는지를 간파하는 지혜를 모두에게 주시기를 바란다.

어쩔 수없이 성도들에게 숙제를 내주는 것으로 이 책을 마무리하려 한다. 제1부와 제2부를 통해 성경이 0순위가 되었다면, 성경을 읽을 때 제3부의 방법을 반드시 염두에 두고 적용하라. 이 부분이 잘 안된다면 성경읽기가 나쁜 습관으로 전락했음을 뜻한다. 이해가 안 된 채 성경 장수 채우기에 머물고 있다고 말할 수 있다. 간절히 바라건대 성경을 주문처럼 읽거나 외우지 말라. 이해하며 읽기를 통해 성경의 큰 틀 안에서 각 구절의 본뜻을 묵상하고 실천하라. 마지막으로 간절히 부탁한다.

어디서나 60점 이하는 낙제다. 낙제는 아무것도 모른다는 뜻이다. 처음부터 다시 배워야 한다. 현재 한국교회의 성경열독률은 많이 잡아야 25점이다. 하나님께서 아무리 사랑이 많으셔도 칭찬해 주실 수 없는 점수다. 더 큰 문제는 한국교회에 이에 대한 문제의식이 없다는 것이다. 다른 문제들에 대해서는 문제의식이 많으면서 말이다. 이 책의 독자들은 이제부터라도 뇌리에 성경읽기에 관한 문제의식이 일어나기를 바란다. 한국 교회의 성경 열독률이 90점이라고 생각해 보라. 한국교회, 아니 한국사회가 가지고 있는 수많은 문제들의 대부분이 해결될 것이다.

이 책은 온전히 하나님께 헌정한다. 그리고 이 책이 나오기까지 기다려주시고 기도해 주신 성도 분들과 부모님께 감사를 드린다.